仲村《なかむら》 覚《さとる》

昭和三十九年、那覇市生まれ。埼玉県在住。昭和五十四年、陸上自衛隊少年工科学校（横須賀）入校。卒業後、航空部隊に配属。複数の企業勤務を経て、「日本は沖縄から中国の植民地になる」という強い危機感から活動を開始。平成二十九年に、「一般社団法人・日本沖縄政策フォーラム」を設立。

著書に『そうだったのか沖縄！』（示現社）、『沖縄の危機』（青林堂）、『沖縄はいつから日本なのか』（ハート出版）など。沖縄問題の第一人者として、「月刊正論」「夕刊フジ」「八重山日報」等の雑誌・新聞に論文多数。

はしがき

■沖縄問題にストレスを感じる理由

現在、「沖縄問題」と聞いて多くの方が真っ先に思い浮かべるのは、「辺野古移設問題」だと思います。沖縄米軍基地をめぐるニュースを見た読者の皆様の多くは、「また反対か！」「困ったものだ！」「どうして中国の脅威をわからないのか？」といった感想を持たれると思います。保守言論界でも「沖縄と東京のやりとりを新聞で見ると沖縄疲れをする」と表現された方がいるぐらいですので、ごくあたりまえな感情だと思います。

沖縄問題にこのようなストレスを感じるのには、共通の理由があると感じています。それは、「沖縄問題は県外の人が口出ししてはならない沖縄県民の問題」、もしくは「沖縄県民と日本政府の問題であり、自分には何もできることがない」という考え方です。日本の厳しい安全保障環境を理解している人ほど、口出しも手出しもできないことにいらだちを覚え、ストレスを感じてしまうわけです。

■沖縄問題とは日本問題

沖縄問題は、国防、安全保障、歴史認識など、どれも国家の根幹にかかわる問題であり、沖縄だけで解決できる問題はほとんどありません。人間の体に例えるならば、日本が病気を患《わずら》った時に、もっとも症状が現れやすい弱い部位が沖縄です。日本が患っている病名をあげるとすれば、「民族意識の喪失」、そしてそこから派生する「自主防衛意識の欠落」です。沖縄の米軍基地問題はひとえに、米軍依存体質が生み出した結果ですし、沖縄に蔓延《まんえん》してしまった「沖縄は被害者」という歴史観は、本来なら後世に語り継ぐべき、日本民族共通の歴史を語り継いでこなかったことが原因です。

本来語り継ぐべき代表的な歴史は二つあります。一つ目は、民族の存亡をかけて沖縄で行われた本土決戦と、その沖縄を米軍占領下から取り戻すまでの祖国復帰運動の歴史です。もう一つは、江戸時代に国防の最前線だった沖縄の西洋列強による侵略の危機から始まり、沖縄県設置で終わった明治維新の歴史です。これらの歴史を民族共通の歴史として正しく語り継いでこなかったことが、沖縄の歴史が反日勢力にのっとられてしまった原因なのです。

本書は、様々な沖縄問題をとりあげ、馴染《なじ》みのない方でも読みやすく、かつ理解しやすいよう、一つのテーマにつき見開き二ページの短い文章でまとめました。おそらく、読み進めていくうちに、もやのかかった沖縄問題が晴れていくものと思います。それは、日本の病気が治癒されている、つまり民族意識が復活しつつあるのだと言って良いと思います。

■「安保闘争」から「反差別闘争」へシフトした米軍撤去運動

沖縄県復帰前から、沖縄の革新政党の至上命題は「日米安保破棄」と「在沖米軍の撤去」であり、その背後には、中国共産党の存在がありました。当時から中国は一貫して、「日本の非武装弱体化工作」と「アジアから米軍を追い出す政治マスコミ工作」を続けました。ソ連崩壊後は、西太平洋の覇権獲得を目指して、海軍・空軍の近代化を推し進め、米国と対峙できる軍事力を備えてきました。現在では、爆撃機を含む中国空軍の編隊が宮古海峡を突破し、台湾を軍事占領するための訓練を、日常的に行うまでになりました。

平時ではありますが、第一列島線を突破したのです。中国の台湾占領計画において、第一列島線と第二列島線の間の海域は、ハワイやグアムからの米国の増援阻止エリアで、宮古海峡はその東シナ海に米軍が侵入するのを封鎖する関所になります。このシナリオで最も邪魔になるのが在沖米軍です。中国は在沖米軍を追い出すための、政治工作を続けてきましたが、翁長雄志《おながたけし》県知事の誕生でその手法を大きく転換することとなります。

意外なことかもしれませんが、翁長氏は日米同盟に賛成する立場をとっていました。彼は「私は日米安保体制を十二分に理解している」と発言する一方、オスプレイ配備に反対する理由として「墜落事故が起きると日米同盟に亀裂が入るから」と説明していました。

「オール沖縄」と呼ばれる沖縄の革新勢力は、日米同盟賛成論者の翁長氏を反米運動のリーダーとして担ぐという奇策に出たのです。多数派を形成するためには、「安保反対」では無理と考え、日米同盟賛成者でも合流できる「辺野古移設阻止」と「オスプレイ配備反対」の二点に絞ったのです。この路線変更により、「私は日米安保賛成だけれども、沖縄に米軍基地の七割を押し付ける差別は許さない」という人も巻き込むことが可能になったのです。

その後、翁長県政下の新聞やテレビでは、「沖縄差別」という言葉が多用されるようになりました。メディア上に「日本政府」VS「沖縄」という対立構図が構築され始めたのです。

■沖縄県民を「先住民族」だと主張する本当の目的

さて、沖縄問題で最も理解困難で誤解しやすいのが、ここ数年表面化してきた「琉球独立工作」です。実は、沖縄県民の全く与《あずか》り知らぬところで、沖縄県民を先住民族とする国連勧告が出されてきました。平成二十年に最初の勧告が出されて以来、見事に隠蔽《いんぺい》され続けながら、繰り返し四回（平成三十年八月二十四日時点）も勧告が出されています。これらの勧告が出される背景には一体何があるのでしょうか。

国連では、先住民族の土地の権利を保護しなければならないというルールがあります。沖縄県民を先住民族として認定させたい勢力の目的は、沖縄の米軍基地問題を国際的人種差別問題に巧妙にすり替えて、国連が認めている先住民族の土地の権利により米軍基地を撤去させることです。更に、資源の権利の保護も謳《うた》われているので、尖閣諸島海域の油田やレアメタルの権利も特別に保護しなければならなくなります。

つまり、現在、共産主義勢力の沖縄の米軍基地撤去運動は、「安保闘争」から国連と沖縄の歴史を利用した「反差別闘争」にシフトしたのです。そして、その守りには「日米安保賛成の世論」だけではなく、「沖縄県民は古来から日本人だ！」という国際発信も必要な時代に切り替わっているのです。しかし、残念なことに、日本政府も日本の保守言論界も「沖縄はいつから日本なのか」について明確に回答できる、共通した歴史観を持ち合わせていないのです。

本来、沖縄は言語・文化・習慣・信仰全て日本と同一であり、日本国民全員が「沖縄は古来より日本民族の一員だ！」と自信を持って訴えることができなければなりません。

本書が、そのための理論書として役立つのみならず、沖縄問題を通して、日本民族のあるべき姿を再発見し、日本再建の一翼を担う書となることを切願しております。

これだけは知っておきたい　**沖縄の真実**　――誰が沖縄を守るのか？　目次

① 沖縄を狙う中国の国家戦略とは？

中国は、「第一列島線」「第二列島線」という中国人民解放軍の海軍による近代化計画の概念を打ち出しています。

第一列島線は中国語では「第一島鎖」、英語では「the first island chain」と書きます。日本列島を起点に、沖縄、台湾、フィリピン、ボルネオ島に至るラインで、中国海軍および中国空軍の対米国防ラインとされています。

中国を中心に置き、南北を逆にして地図を見ると、中国から太平洋に出る際、「第一列島線」、特に沖縄諸島と台湾が如何に邪魔な存在かがわかります。中国にとって自由に動ける海はごく限られており、太平洋に出て行こうとしても、こうした島々の間を縫《ぬ》って行かざるをえません。

しかも、この海域を通過する中国艦船は、自衛隊や海保、米軍の監視を絶えず受けなければならないのです。有事の際には、一気に海上封鎖で封じ込められてしまいます。

そのため、中国軍は、有事において、このライン内の制海権、制空権を握ることを目標として戦力整備、訓練を行ってきたのです。

「第二列島線」は、伊豆諸島を起点に、小笠原諸島、グアム・サイパン、パプアニューギニアに至るラインです。中国軍は二〇二〇年を目処にこの第二列

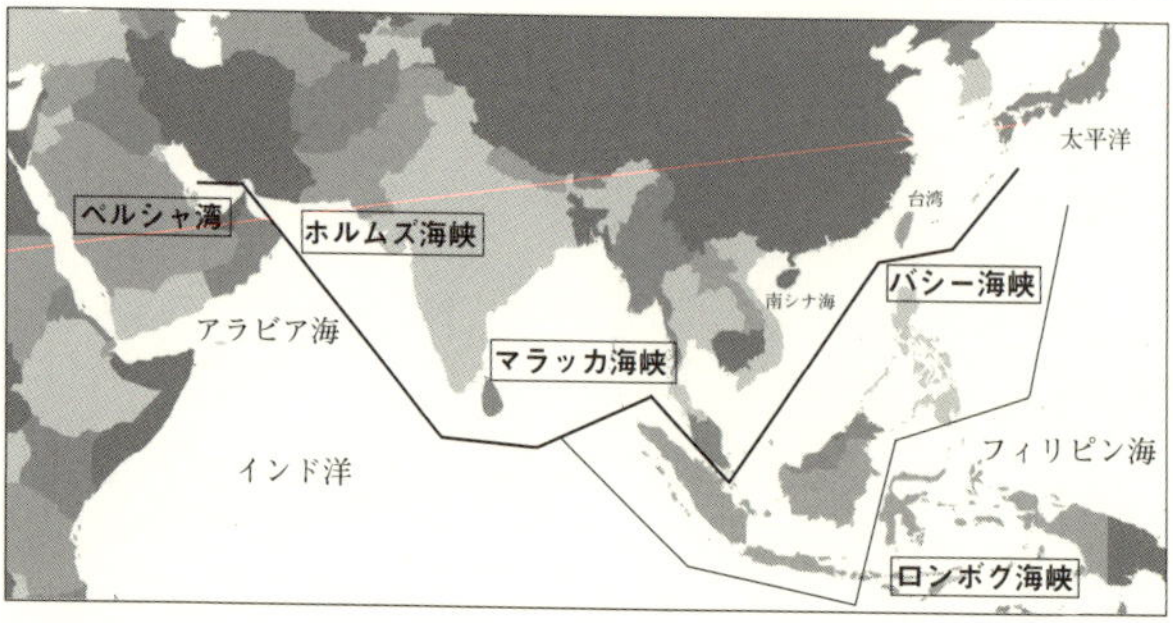

シーレーン

海上交通線（航路帯）とも呼ばれる。天然資源の乏しい日本にとって、その確保は死活問題である。

島線の内側の制海権、制空権の獲得を目指しているといわれ、実現すれば、台湾有事の際に、中国軍が米軍の増援を阻止・妨害する海域になるものと推定されます。

そうなると、当然日本も無事ではいられません。第一列島線の外側である南西諸島の東側は日本の生命線であるシーレーン（エネルギー資源の供給線）だからです。この海域は、ヨーロッパや中東から運ばれてくる物資や石油の輸送航路であり、日本が輸入する原油のほとんどはここを通って運ばれています。つまり、ここを抑えられてしまえば、有事の際、日本の生命線が断たれてしまうことを意味します。また、中国は二〇四〇年までには米国に代わって西太平洋とインド洋を支配する野望をもっているともいわれます。

このように、「列島線」という中国の国防戦略用語からは、中国には対日防衛ラインという概念は存在せず、日本列島そのものを米国に対する国防ラインと定義しており、近い将来、日本を中国の支配下に置くことを前提とした軍隊の近代化計画を立てているということがわかります。

したがって、太平洋への出口の一つである宮古海峡が位置する沖縄は、中国にとって最重要戦略地域であり、手段を選ばずに手に入れたい地域なのです。

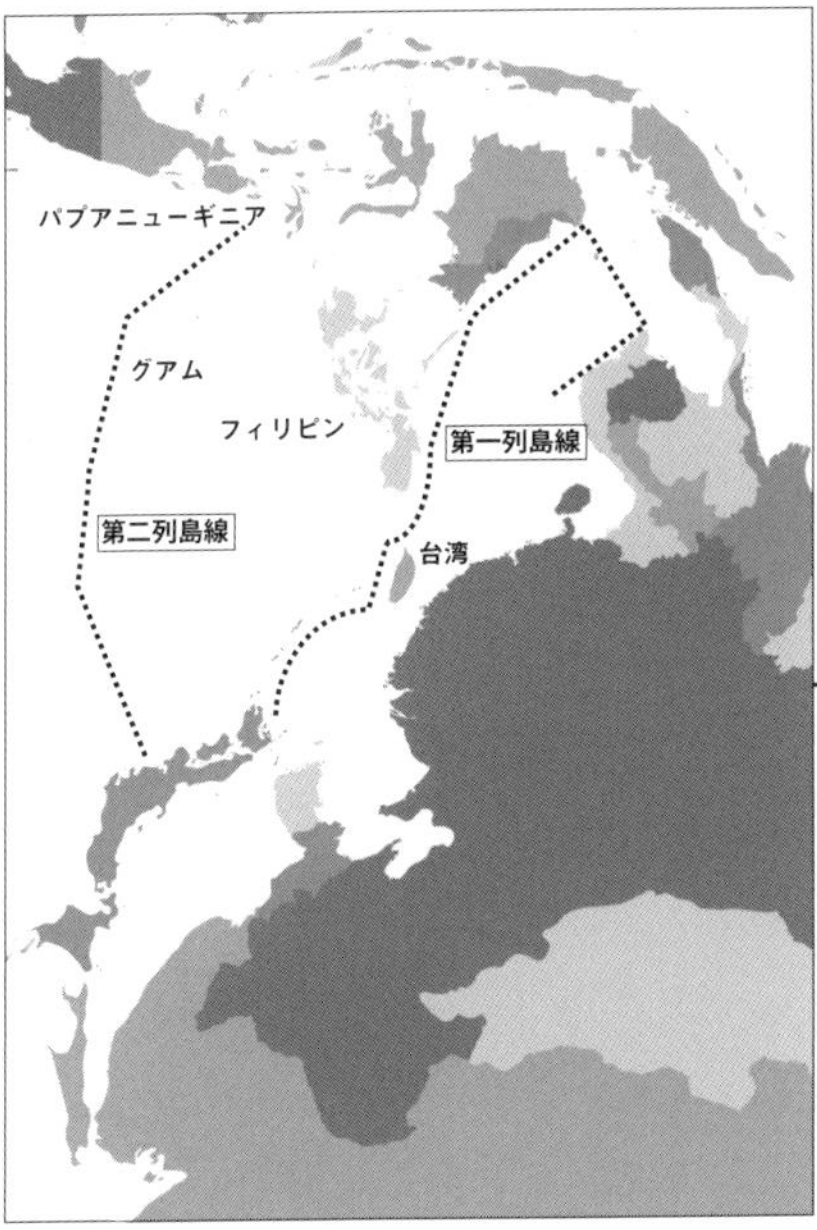

逆さ地図でみる「列島線」

中国が太平洋に進出する上での沖縄諸島と台湾の重要性がうかがえる。

② 中国はなぜ、尖閣諸島・宮古海峡を狙うのか？

中国が尖閣諸島の領有権を主張するのは、決して尖閣諸島という島そのものが欲しいからではありません。

中国は平成二十四年（二〇一二）以降、尖閣諸島の天気予報を行うことで実効支配の既成事実をつくり、さらには尖閣諸島の領有権を根拠に東シナ海の広い範囲に防空識別圏を設定しました。通常、防空識別圏とは領空の外周の空域に設定し、届けのない航空機が圏内に進入した時点で戦闘機を緊急発進させるためのものですが、中国空軍の場合、自国の空軍機を自由に飛行できるエリアを拡大させるために設定しています。さらに、平成二十九年（二〇一七）の第十九回共産党大会では、強軍思想を全面に打ち出し、さらに具体的な動きを加速させました。党大会閉幕後の十一月と十二月だけで、宮古海峡を突破する飛行訓練を九回も行ったのです。

では、現在の中国空軍はどのような意図を持ってこのような飛行を繰り返しているのでしょうか。中国国防部報道官は、「中国を縛りつけることのできる鎖はない」（平成二十九年十一月三十日）と強調しました。これは「第一列島線突破宣言」とも言える宣言です。

宮古海峡を突破した中国空軍機は、主に二つのコースで訓練しています。

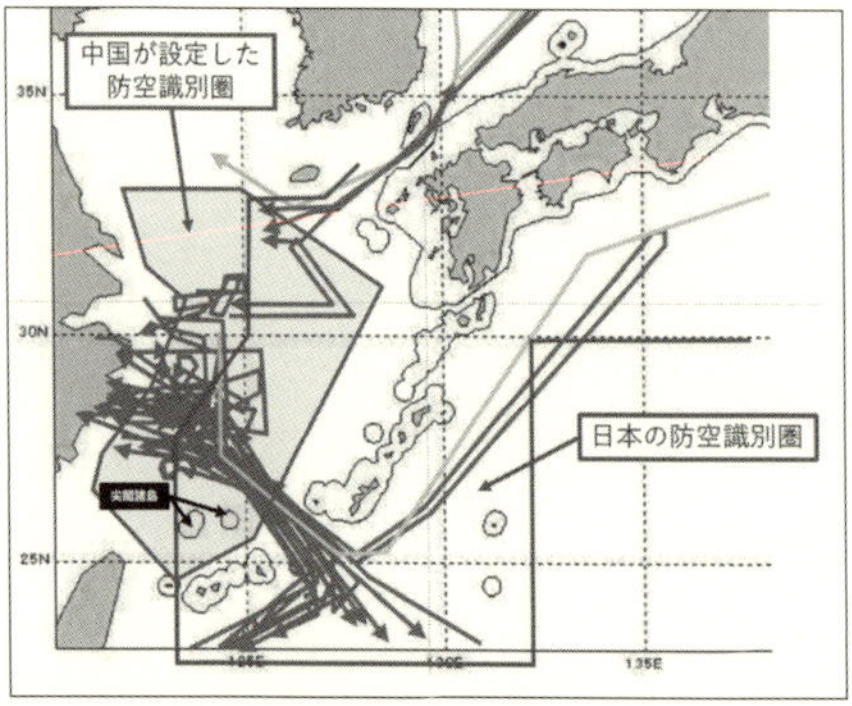

中国の設定する防空識別圏

東シナ海の広い範囲で日本との重複箇所が見られる。中国空軍はこの範囲内での飛行を繰り返している。

一つは、台湾を軍事占領するための訓練を行う台湾巡回コースです。

同年十二月十二日、中国国防部報道官は初めて「繞島《にょうとう》巡航」という単語を使い、「中国空軍は十一日に定例性常態化体系遠洋訓練を展開し、多数の爆撃機や偵察機で『繞島巡航』して、訓練により国家主権と領土完備を維持する能力を引き上げた」と発表しました。「繞島巡航」は、直訳すると「島巡航」となりますが、台湾では中国空軍の「繞台巡航」を新たな重大脅威として大きく報道しています。

もう一つは、宮古海峡を突破して、グアムに向かってできるだけ遠くまで飛行するコースです。

十二月十四日の人民日報は、「H-6Kは第二列島線の突破が可能　Y-20を給油機に改造する可能性も」というタイトルで、「中国空軍のH-6Kなどの各種軍機による編隊が九日、宮古海峡を通過した」と報じました。

これは、台湾有事の際に、米軍増援部隊の接近を阻止するための訓練を行ったことを意味します。H-6Kは、空母キラーとも呼ばれている「長剣-10」という巡航ミサイルを搭載しており、その射程は一五〇〇〜二〇〇〇kmもあります。米空軍基地のあるグアムまでは二三〇〇kmですので、宮古海峡を太平洋側に向けて数百km飛べば、射程に入ります。つまり、中国は本気で台湾軍事占領の訓練を行い、西太平洋に爆撃機を飛ばして米軍の接近を阻止するために、空中給油機の開発まで計画しているのです。

中国空軍作成動画「繞島巡航」

近代化された強い空軍のイメージを発信する動画となっており、動画字幕には「習近平のリードする新時代の中国の特色ある社会主義思想のガイダンスのもとで中国空軍40万将兵初心を忘れず、改革と革新、励まし合い力強く飛び立つ」など党大会スローガンが並ぶ。

③ 中国の尖閣諸島奪取へ向けた動きとは？

中国政府は沖縄侵略の手段として、遠謀深慮で多角的な実効支配の既成事実づくりを進めています。

例えば、中国気象局は平成二十四年（二〇一二）九月十一日から尖閣諸島の天気予報を開始し、福建省の一部の釣魚島として発表しています。開始にあたって、中国気象局の報道官は、「全国の陸地、河川・湖、及び海上の気象予報・警報などを行う責任を負っている」と述べ、気象行政を利用して尖閣諸島の領有権を国際発信し続けています。

一方、日本の気象庁は、未だに尖閣諸島のみを対象とした天気予報は行っていません。石垣島から一七〇kmも離れた尖閣諸島を「石垣地方」として天気予報を発表しており、これでは、外国から見たら尖閣諸島を実効支配しているのは中国だとみなされてもしかたがありません。

続いて平成二十五年（二〇一三）十一月二十三日に中国政府が一方的に東シナ海に防空識別圏を設定したことは既述の通りです。これによって、いまや尖閣諸島上空は中国空軍にとって、侵入するエリアではなく、日本の航空自衛隊機に対してスクランブル発進を行うエリアになりました。

さらに翌年、中国は海底資源においても実効支配の既成事実をつくりました。

尖閣諸島の天気予報を伝える中国気象局

尖閣諸島の位置

四月から五月にかけて、海洋調査船「科学号」とＲＯＶ（遠隔操作型無人探査機）「発現号」を日本のＥＥＺ（排他的経済水域）に侵入させ、沖縄トラフ熱水域の熱水噴出孔周辺の海洋物理及び化学環境の観測、サンプル収集、分析を行ったのです。

　中国政府の目的は海底資源を横取りすることだけではありません。中国メディアは「沖縄トラフは中日海洋経済区分の境界線であり、熱水鉱床は中国側にある」「日本が主張する日中境界線は国際法の原則に違反しており、中国は国連に東シナ海境界案を提出している」と主張しました。つまり、東シナ海における日中間のＥＥＺの境界線を、日本の主張する日中中間線から沖縄トラフへ大きく変更させることが目的なのです。

　中国は、このようにして、巧みに実効支配を進めています。一方の日本政府は、中国を刺激させたくないという理由で、尖閣諸島への日本人の上陸を許可せず、石垣市が申し出た環境調査目的の航空機による空撮等も自粛要請をしてきました。こうした一連の対応は、自ら尖閣諸島の実効支配を失う最悪のパターンに向かっています。このままでは有事の際、上陸者を取り締まる日本の海上保安官や警察官を、中国領土に対する侵略者呼ばわりされる口実を与えることになりかねません。

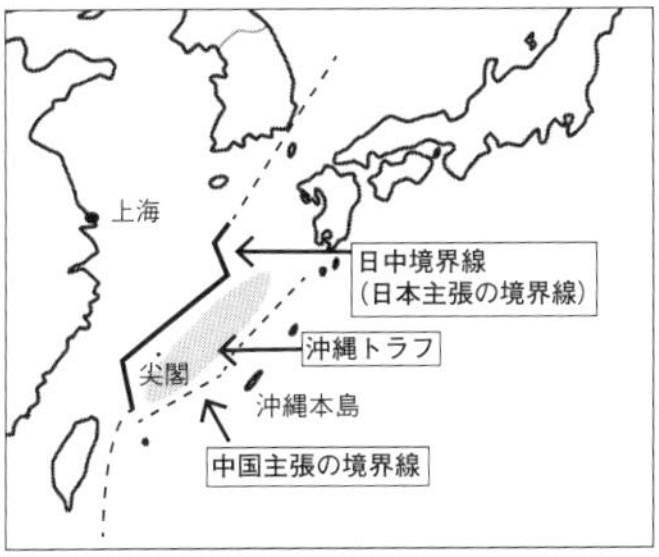

日中境界線と沖縄トラフ

尖閣諸島の実効支配を失うことは、中国側の境界線を認め、海底資源を略奪されることに繋がる。

【沖縄コラム1】

ペリー来航と沖縄

嘉永六年（一八五三）七月八日、アメリカの使節ペリーが黒船四隻を率いて浦賀沖に現れました。ペリーの艦船は、これまでのイギリスやロシアの帆船とは異なり、黒塗りの船体に外輪と煙を出す煙突があり、それに驚いた日本人が「黒船」という名称をつけたのです。一般的にはこれが明治維新のきっかけになったと言われています。教科書では黒船が突然、浦賀に現れるのでペリーは太平洋航路をつかって日本にやってきたようなイメージがあります。

実は、ペリーは太平洋を渡ってきたのではなく、「大西洋航路」をとり、アフリカ南端の喜望峰を回って、インド洋に出て、セイロン、シンガポール、香港を経由して日本に来ました。また、ペリーは浦賀に突然姿を現したわけではなく、その前に日本開港の足がかりとして薩摩藩が管理していた琉球に寄っています。

浦賀来航同年の五月二十六日、ペリーは四隻の蒸気軍艦を率いて那覇に入港しました。六月九日に那覇を出航するのですが、このときは江戸に向かうのではなく小笠原を調査し父島に貯炭地を建設したり、牛、羊、山羊などを繁殖のために陸揚げしています。将来の補給基地にするためです。六月二十三日には一旦琉球に戻り、七月二日、再び江戸に向かって那覇を出航します。そして、七月八日浦賀に姿を現し学校の教科書で教えられている幕末が始まるのです。七月十四日に久里浜で国書伝達式をして香港に戻るのですが、その途中にも琉球に寄っています。そこでペリーは、「聖現寺《しょうげんじ》の有料賃借」「石炭貯蔵庫の建設」「密偵の禁止」「市場での購入」を要求し強引に受け入れさせています。

このようにペリーは日本開国の拠点として沖縄を活用していたのです。

翌年一月十四日、ペリーは日本に開国を迫るため香港を出発し琉球に向かいました。二十四日に全艦那覇に集結し二月七日に七隻で江戸に向かって出航しました。出発するにあたり、海軍長官に対して次のように上申しています。

「日本政府が合衆国の要求に応じないか、または合衆国商船及び捕鯨に避泊する湾港を指定することを拒絶するならば、本職は合衆国市民の蒙った侮辱及び損害に対する補償として日本帝国の附庸国である琉球島を合衆国の旗の監視下に置き、政府が本職の行動を承認するかどうかを決定するまで、上述の制限内で租借する決心である」

つまり、ペリーは江戸幕府が開港しなければ、琉球を米国の植民地にする決意だったということです。

第二次世界大戦で米国は沖縄上陸戦を行い、本土上陸作成の出撃基地として活用する予定でした。米軍は本土上陸作戦を実施しませんでしたが、奇しくもペリーが植民地化を考えていた沖縄と小笠原をサンフランシスコ講和条約にて実質的な植民地としました。第二次大戦時の太平洋艦隊司令官ニミッツ提督は、米海軍ペリー提督の後輩にあたります。米国の立場から見たら、ペリーの仕事の続きをニミッツ提督が果たしたといえるのかもしれません。アヘン戦争以来、沖縄は常に他国から見たら日本侵略の入口であり、私達日本国民にとっては、日本防衛の砦であり、今現在もそれは変わらないのです。

④「沖縄はもともと中国だったんでしょ」と聞かれたら？

お笑いコンビ「ウーマンラッシュアワー」の村本大輔氏が平成三十年（二〇一八）元日、テレビ朝日系『朝まで生テレビ！』に出演し、「沖縄はもともと中国から取ったんでしょ」などと発言したところ、ネット上で炎上し「不見識だ」と多くの批判を浴びました。

しかし、村本氏が沖縄の歴史を誤って認識してしまった原因は、彼の不見識のみにあるのではありません。もとを辿れば、日本全体の曖昧な沖縄に関する歴史観に原因があるのです。

村本氏の発言のポイントは、明治政府が琉球国を廃して沖縄県を設置したとき、琉球の帰属が日本にあったのか、それとも清国にあったのかにあります。

では、日本政府の見解はどうなのでしょうか？　例えば、外務省ホームページの「外交史料　Q＆A幕末期」には、黒船で来航したペリー提督が琉球と条約を結んだ琉米条約に関する回答として次のような一文があります。

「当時の琉球は、薩摩藩島津氏の統治下に置かれていましたが、他方中国（清国）との朝貢関係も維持するという『両属』の体制にありました」

この外務省の見解を文字通り理解すると、当時の琉球は半分は清国に属し、もう半分は薩摩藩に属していたことになります。この認識は外務省だけの見解ではなく、日本史の教科書、沖縄の歴史の参考書など、至るところに散見されるもので、いまや日本人の常識となっていると言っても過言ではないでしょう。つまり、現在の日本の常識から見れば、村本氏の発言は一〇〇点中五〇点となってしまうのです。

しかし、沖縄県を設置した当時の明治政府の認識は違いました。明治十二年（一八七九）の外務省の外交文書に清国とのやりとりの記録が残っています。同年四月四日の沖縄県設置後、その事実に気が付いた清国は沖縄の廃藩置県を停止するよう求めました。さらに、五月二十日には「廃藩置県はいかなる理由によるものか」と抗議を寄せています。それに対し、寺島宗則外務卿は「内政の都合により処分した」と答え、八月二日に、琉球は嘉吉元年（一四四一）より島津氏に属し、日本は数百年間琉球の統治権を行使してきたため今回の措置は当然であることを述べたのです。（※）

事実、江戸時代の沖縄は薩摩の統治が隅々にまでおよび、江戸幕府の幕藩体制下にありました。しかし、幕府と薩摩藩の外交貿易戦略として、琉球を明や清との貿易拠点として活用するため、独立国の体裁をあえて保っていたのです。朝貢や冊封はそれを行うための外交儀礼にすぎず、明国もそれを知っていながら黙認していたことも明らかになっています。したがって、江戸時代の琉球が明や清と薩摩との両属の地位にあったという歴史認識は明らかな誤りであり、国益を大きく失うため、早急に改めるべきなのです。

※さらに清国からの廃藩置県への正式な抗議に対し、日本政府は次の要旨で回答を行った。
「清国が琉球の主権主張の根拠とする朝貢冊封は虚文虚名に属するものだ」
「自らを世界の王と称し、朝貢冊封を振り回して主権を主張するのは支那古来の慣習であり、日本の足利義満や豊臣秀吉への冊封、魏源の著『聖武記』にはイタリアや英国も指すとある。このようなことをもって日本やイタリア、英国が中国皇帝に臣服するとすれば、その虚喝も甚だしく、今清国が沖縄に関与しようというのもこのような虚妄にすぎない」

⑤ 「江戸時代に薩摩が琉球を侵略した」と言われたら？

「沖縄はもともと〝琉球王国〟という日本とは別の国であり、慶長十四年（一六〇九）の【薩摩侵攻】により植民地として搾取支配され、一方、明や清とも朝貢冊封関係にあり日支両属の地位にあったが、明治十二年（一八七九）の【琉球処分】により、強制的に沖縄県が設置され、琉球王国は滅ぼされた」

これは、一九六〇年代後半から急速に普及し始めた沖縄の歴史観ですが、日本を滅ぼす亡国の歴史観です。特に、【薩摩侵攻】と【琉球処分】の二つの単語は、〝日本民族統一〟の歴史を〝侵略〟の歴史にすり替え、日本人の心に亀裂を入れ続けているのです。

もし、沖縄の人が〝琉球人〟という別の民族だったとしたら、米軍統治をチャンスとして大規模な独立運動が起きたはずです。しかし、実際にはそのような運動は起きていません。

実は、沖縄の文化や言語を学べば学ぶほど、沖縄は日本の一部であることがわかってきます。最近ではＤＮＡ分析でもれっきとした日本人であることがわかっています。それでは、江戸時代以前、〝琉球王国〟とよばれている国は日本だったのでしょうか？　それとも外国だったのでしょうか？

日本は西暦六〇〇年から遣隋使や遣唐使を派遣して、隋や唐の律令制度を日

琉球語は古代日本語のタイムカプセル （24頁参照）

古事記	現代	
あきづ	標準	とんぼ
	沖縄	あーけーじゅー
ごと（如）	標準	如く
	沖縄	ぐぅとぅ
い（汝）	標準	おまえ
	沖縄	いゃー

万葉集	現代	
はえ（南風）	標準	みなみかぜ
	沖縄	ふぇー
こち（東風）	標準	ひがしかぜ
	沖縄	こち
かなし	標準	いとおしい
	沖縄	かなさん
つぶり	標準	あたま
	沖縄	ちぶる

日本書紀	現代	
くそまる	標準	排便する
	沖縄	くすまいん
しるまし	標準	不思議だ
	沖縄	ひるましむん
いを（魚）	標準	さかな
	沖縄	いゅー
よこす	標準	嘘
	沖縄	ゆくし
すまひとる	標準	相撲をとる
	沖縄	すまとぅいん

本に導入し、中央集権国家体制を築いていきました。ただし、明治の中央集権国家と異なり、当時は各地に律令国があり、中央の支配を受けながらも半分は独立していました。琉球は中央から離れているため、支配が届きにくく律令制度下に組み込まれることなく、独自の制度で国家を形成発展させていきました。十四世紀には沖縄本島で三つの勢力が競い、三山時代と呼ばれていましたが、一四二九年になると、中山王《ちゅうざんおう》の尚巴志《しょうはし》が三山統一を果たします。続いて、室町幕府の全国支配が弱体化する中、琉球は一四四七年に奄美大島、一四六六年に喜界島を支配下に置きます。一四七七年、琉球の黄金期を築いた尚真王《しょうしんおう》が就任し、一五〇〇年、琉球への朝貢を断った八重山を征伐して支配下に置きます。

この時期の琉球は、奄美から与那国島までを支配下に置く、日本最大の版図を持つ戦国大名だったという見方ができます。一方、中央では、戦国時代を勝ち残った徳川家康が江戸幕府を開き、関ヶ原の戦いで家康に抗する西軍として参加した島津氏は、本領を安堵されます。そして一六〇九年、島津氏は家康の許可をもらって琉球征伐を行い、奄美を島津の直轄地、沖縄本島以南の琉球を存続させた形で支配しました。

しかし、このことをもって「奄美と琉球は島津に侵略された」と見るのは適切ではありません。琉球征伐は、秀吉の九州征伐と同じように、もともと同じＤＮＡと文化を持つ日本人同士の、国家統一のための戦争だったと見ることができるからです。

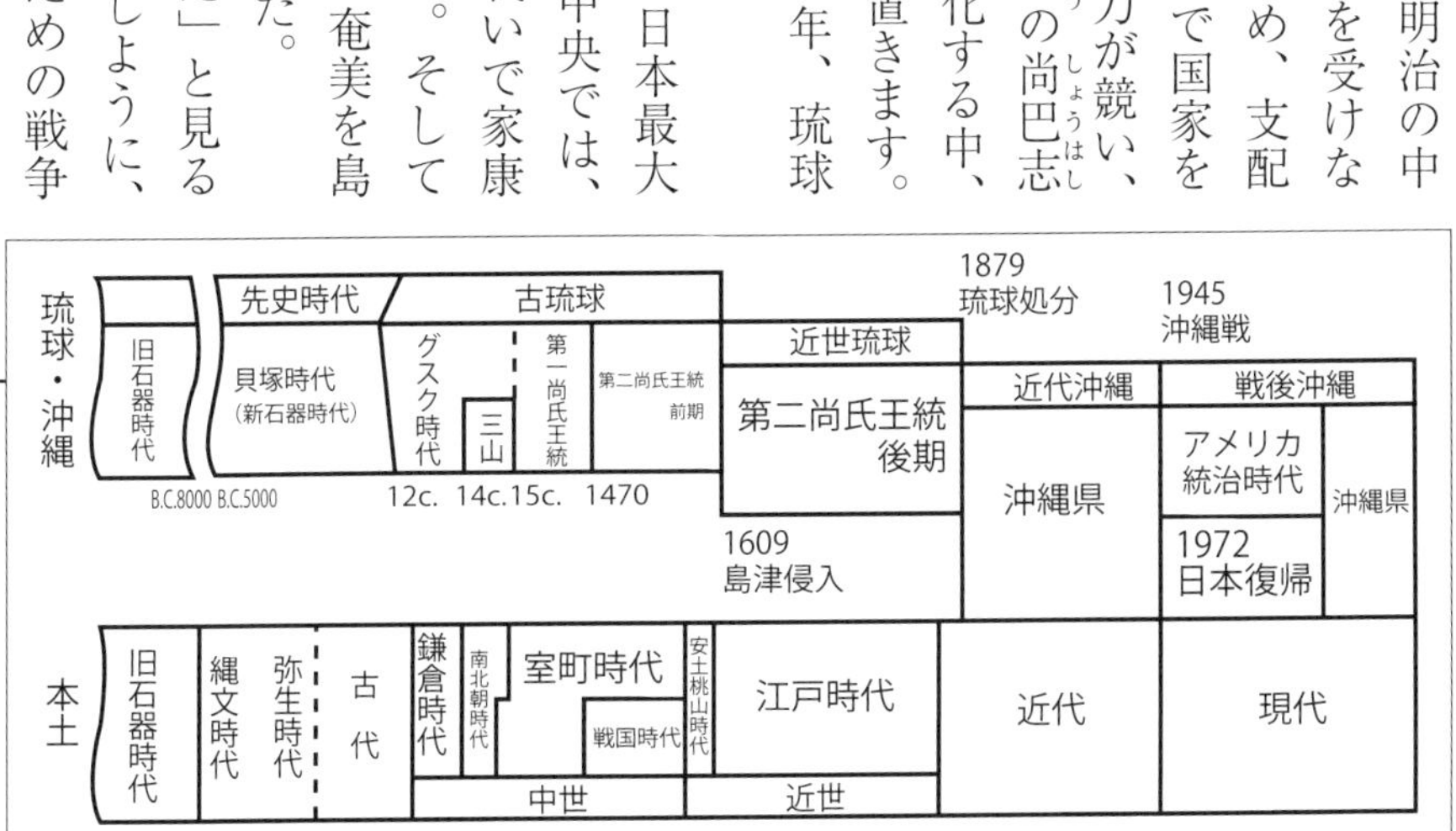

沖縄と本土の歴史区分

⑥ 明治維新への動きは沖縄から始まった

学校の教科書や書店に並ぶ歴史書では、明治維新は嘉永六年（一八五三）の黒船来航から始まり、明治十年（一八七七）の西南の役で終わると解釈されています。そして、明治維新後、国境確定作業として、琉球処分（沖縄県の設置）が出てきます。これが、「明治維新の結果、琉球王国が滅びた」という歴史観を生み、「沖縄は日本の被害者だ」「琉球・沖縄の人々は日本の先住民族だ」とする勢力の主張を後押ししてしまっているのです。

しかし、実際は、明治維新は国防の要所、沖縄から始まったのです。薩摩の志士たちが西洋列強に対する危機感を持ったのは、一八四二年にアヘン戦争で清国がイギリスに負けたという情報を入手したことがきっかけでした。そしてその二年後、その脅威が現実のものになります。一八四四年、フランスの軍艦アルクメール号が来琉し、強く開港を求めたのです。その頃、南京条約で清国が五つの港を西洋列強に開放したこともあり、西洋の船が次々と琉球に現れていました。五つの港とは、上海、寧波《ねいは》、福州、厦門《あもい》、広州を指します。下地図で東シナ海を見てください。これらの港から日本本土に向かう途中に琉球は位置しており、日本開港の拠点として最適だったことがよくわかります。

こうした危機を最も早くから把握し、日本の進むべき道を考えていた人物が、

中国五港と琉球・薩摩

薩摩藩の島津斉彬《なりあきら》です。一八五一年、斉彬は薩摩藩主になると富国強兵、殖産興業を推し進め、洋式船舶の造船、反射炉・溶鉱炉の建設、地雷・水雷・ガラス・ガス灯の製造などを行う集成館事業を興しました。ペリーが浦賀に現れる二年前には、欧米列強の危機を察知していた薩摩で明治維新の原型である富国強兵政策が始まっていたのです。

斉彬の行った富国強兵政策の思想の原型ともいうべき政策を打ち出した人物がいます。それは、島津斉彬亡き後、薩摩の開明路線をリードした五代友厚《ごだいともあつ》の父・五代秀堯《ひでたか》です。前述したアルクメール号は、一年後の大総兵船の再来港を予告して去っていったため、江戸幕府は薩摩に警護兵の琉球派兵を命じました。このとき、琉球への出航を命じられた担当者からの問い合わせを受けて、秀堯が琉球問題の解決方法を記したのが『琉球秘策』です。

これは、フランスの軍事圧力に対して、薩摩藩がどのように対処すべきかを問答形式で具体的に論じたものです。その要点は、様々な言い訳で開国を断るが、どうしても断りきれない場合は、開国し、決して戦争をしてはならない。しかし、一旦開国した以上は、西洋よりも強い軍事力を整えていなければならないというものです。つまり、開国・富国強兵という政策のルーツが『琉球秘策』にあったのです。

このことからも、沖縄を襲った欧米列強による侵略危機とそれを解決するために江戸幕府・薩摩藩が動いたことが、明治維新の源流の一つだったことがわかります。

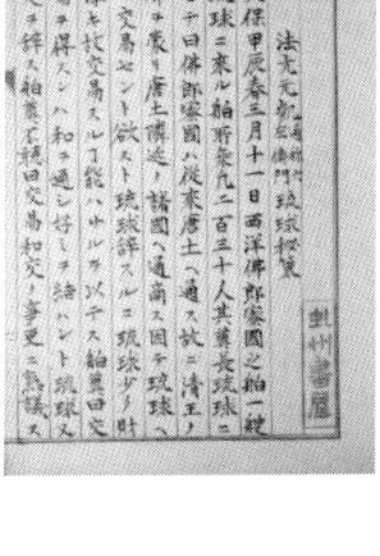

五代秀堯『琉球秘策』

「琉球ノ処分ハ、絶ト和トノ二策ヲ主トスヘシ」とある。「絶」とは、西洋諸国の開国要求を徹底的に拒絶すること。「和」とは、「絶」の策が行き詰まった時には開国やむなしとする策の意。アヘン戦争による清の敗北を受け止めた上での戦略となっている。

⑦ 沖縄の文化は中国の影響を強く受けているのか？

沖縄は江戸時代に明や清と朝貢冊封関係にあったので、中国文化の影響を強く受けているというイメージがあります。しかし、歴史をよくみれば、そのイメージは誤りであることに気付きます。

日本の中央では、六〇〇年の遣隋使以降、律令制度や仏教など大陸文化を日本向けに吸収し、導入していきました。一方、琉球が大陸に朝貢をしたのは、中山王《ちゅうざんおう》の察度《さっと》が一三七二年に明に朝貢したのが初めてです。つまり、中央より七七二年も遅れて大陸への朝貢を始めているのです。それまで、沖縄は律令制度の外にあったため、本土経由の大陸文化や制度は流れ込みにくかったのです。

日本の中央と異なり、近代に至るまで残り続けた風習として、女性神官制度があります。沖縄では、各地に祭祀や祈願行事を行う祝女《のろ》と呼ばれる女性神官が存在し、琉球全土の祝女の頂点に立つ女性神官を聞得大君《きこえおおぎみ》と称していました。初代の聞得大君は尚真王《しょうしんおう》（在位一四七七年～一五二七年）の妹が就任し、最後は昭和十九年（一九四四）、最後の琉球王・尚泰の長女、今帰仁延子《なきじんのぶこ》（在位一八八七年～一九四四年）が十八代聞得大君に就任し、戦後廃職されました。このことから、祭政一致の日本神道が、沖縄で化石のように敗戦直前まで続いていたと見てよいのではないかと思います。

こうした影響を今日でも最も受けていると思われるのが、沖縄の音楽です。女性神官の祈りの声の抑揚や発声が民謡として伝わり、それが現在の沖縄ポップスにも受け継がれているといわれます。沖縄ポップスが全国で老若男女に流行しているのは、異国情緒が理由なのではなく、日本人の魂の郷愁を感じさせるものがあるからであり、このことからも沖縄の中にこそ、日本民族の魂の原点が残っているものと筆者は確信しています。

さて、現在、〝沖縄問題〟というと真っ先に米軍基地問題が思い浮かびますが、この問題をこじらせている根底には沖縄県民の本土に対する被害者意識があり、さらにその奥には、「琉球王国は日本に滅ぼされた」という誤った歴史観があるものと思われます。

しかし、そうした歴史観こそは、中国が沖縄を侵略する上で都合の良い、「華夷秩序の中の琉球史」だということもいえます。私はこの問題にぶつかり、民族とは何なのかを考え続けてきた結果、一つの結論に達しました。それは、「民族とは歴史と使命を共有した運命共同体」だということです。歴史を共有するからこそ、その志を引き継いで、共に日本を守る使命感を持つことができるのです。

沖縄県民にとって神武建国以来の日本の歴史は自分の歴史であり、日本国民全体にとっても、琉球国の歴史は日本の一地域の歴史なのです。

沖縄の伝統芸能エイサー

1603年、浄土宗の高僧・袋中上人《たいちゅうしょうにん》は、経典を得るため中国（明王朝）を目指し、その途中で辿りついた琉球に３年間滞在した。当時の琉球王朝の国王・尚寧《しょうねい》（第二尚氏王統）は上人に深い帰依を得て、現在の那覇市松山に桂林寺を建立した。上人が弘めた浄土宗の踊り念仏がエイサーの始まりといわれている。現在は、観客を魅せる創作エイサーが沖縄のみならず全国に広まっている。

【沖縄コラム2】

沖縄の方言を知ろう

沖縄県外の人が沖縄の方言を聞くと、ほとんど聞き取ることができず、まるで外国語のように感じます。しかし、言語学的には、日本語と同じ祖語から別れた日本の方言であり、それも、古事記や日本書紀以前の古代日本語がタイムカプセルのように眠っているのです。

例えば、沖縄の方言で蜻蛉《とんぼ》のことを「あーけーじゅー」といいます。発音が全く違うので、「やはり外国語だ!」と思いがちですが、実はその語源は古事記にあります。古事記では本州のことを「秋津島《あきづしま》」と称していますが、「あきづ」とは蜻蛉のことで、島の形が蜻蛉に似ているから「あきづしま」と称したのです。

また、沖縄の方言では頭のことを「ちぶる」といいます。ウルトラセブンに「チブル星人」という頭の大きな宇宙人が出てきますが、これは脚本を担当した沖縄出身の金城哲夫《きんじょうてつお》氏の命名によるものです。「チブル」と「あたま」では全く別の単語のように感じますが、漢字の「頭」は「つぶり」とも読み、古事記でも使われている単語です。また、沖縄の地名には東風平《こちんだ》や南風原《はえばる》などがありますが、「南風」も「東風」も古事記で使われている言葉です。

沖縄の方言が外国語のように感じられるのには、理由があります。それは、母音や形容詞、動詞の活用が標準語と大きく異なるからです。しかし、決まった規則があり、その規則さえわかれば、沖縄の方言は難しくありません。

まずは、母音ですが日本語には「あいうえお」の五つの母音があります。しかし、沖縄方言は「あいう」と母音が三つに減り、「え」が「い」に、「お」が「う」に変化します。「え」

と「お」が使われるのは長母音の時のみです。例えば、「親」を「うや」と発音し「星」を「ふし」、「思い」を「うむい」と発音します。また、規則的な発音の変化として、「き」が「ち」に、「つ」が「ち」に、「り」が「い」に変化します。そのため、「爪先」を「ちみさち」、「浮世」を「うちゆ」、「肝」を「ちむ」と発音します。甲子園の応援では「チバリヨー」という言葉がよく使われますが、これは標準語の「気張れよー」が変化しただけです。「きばれ」の「き」が「ち」に、「れ」が「り」に変化しただけです。

次に形容詞です。日本語の形容詞は全て、「い」または「しい」で終わりますが、沖縄の方言では「さん」で終わります。そのため、「熱い」を「あちさん」、「赤い」を「あかさん」、「甘い」を「あまさん」といいます。NHKの朝ドラで大ヒットした「ちゅらさん」という番組がありました。これは、「きれい」とか「美しい」という意味ですが、漢字で書くと「清《ちゅら》らさん」となります。日本語の清らかは形容動詞で使われますが、沖縄の場合は形容詞で使われます。美人のことを「清《ちゅ》ら影《かーぎー》（ちゅらかーぎー）」、正装のことを「清《ちゅ》らすがい」といいます。「すがい」とは服装や身なりのことを意味します。今日では、観光用語として「美《ちゅ》ら島《しま》」と書く場合が多くなっていますが、これは造語で正しい沖縄の方言では「清ら島」と書くべきです。

最後に動詞です。標準語の動詞は全て「う」「く」「る」などのう行で終わりますが、沖縄の方言では、主に「いん」で終わり、標準語の「く」で終わる動詞の場合は「っちゅん」で終わります。例えば、「習う」は「ならいん」、「尋ねる」は「たじにーん」、「歩く」は「あっちゅん」、「書く」は「かっちゅん」となります。

こうした事例を通じて、沖縄の方言もやはり日本語だと感じていただければ幸いです。

8 翁長知事が国連でアピールした「琉球民族の自己決定権」

平成二十七年（二〇一五）九月二十一日、翁長雄志沖縄県知事は、ジュネーブで開催されている国連人権理事会において、英語による演説を行いました。新聞紙上では、「沖縄の人々の自己決定権がないがしろにされている辺野古の状況を、世界中から関心を持って見てください」と日本語訳されて報道されていますが、実は、これは〝琉球独立宣言〟に等しいフレーズだったのです。実際にスピーチした英文の原稿は、「I would like the world to pay attention to Henoko where Okinawan's right to self-determination is being neglected.」とありますが、問題は、「self-determination」という英単語です。Self と determination の間にハイフン（-）があります。self-determination で、ネット辞書を検索してみてください。「民族自決（権）」という意味が出てくることにお気づきのことと思います。新聞に掲載された「self-determination」の日本語訳は不正確であり、本当は、「沖縄の人々は（独立権をも含む）民族自決権や人権をないがしろにされています」と訳すべきだったのです。

実は、国連では沖縄の人々は先住民だという認識が常識になっています。平成二十年（二〇〇八）十月三十日の自由権規約委員会勧告では、「国内法によってアイヌの人々及び琉球・沖縄の人々を先住民族として明確に認め、彼らの文

国連人権理事会でスピーチする著者

平成28年（2016）6月。「沖縄県民は先住民族である」とする国連の勧告撤回を求めた。

化遺産及び伝統的生活様式を保護し、保存し、促進し、彼らの土地の権利を認めるべきだ。通常の教育課程にアイヌの人々及び琉球の人々の文化や歴史を含めるべきだ」と勧告されました。

また、平成二十二年（二〇一〇）四月六日には人種差別撤廃委員会から、「沖縄における軍事的基地の不均衡な集中は、住民の経済的、社会的及び文化的権利の享受に否定的な影響があるという現代的形式の差別に関する特別報告者の分析をあらためて表明する」と同じく勧告を受けています。平成二十六年（二〇一四）年四月六日には再び自由権規約委員会から、「締約国（日本）は法制を改正し、アイヌ、琉球及び沖縄のコミュニティーの伝統的な土地及び天然資源に対する権利を十分保障するための更なる措置を取るべきである」。同年八月十四日には人種差別撤廃委員会から、「締約国（日本）が琉球の権利の促進及び保護に関連する問題について、琉球の代表との協議を強化することを勧告する」という勧告が出されました。このように当の沖縄県民も、沖縄の政治家も誰も知らない間に過去四回も勧告が出されていたのです。

こうした勧告が出される背景には、県民が知らないところで動いている、「反差別国際運動」や「市民外交センター」などのＮＧＯ団体の動きがあります。現在、この勧告の危険性に気がついた、豊見城市議会と石垣市議会では、国連先住民族勧告の撤回を求める意見書が採択されていますが、依然予断を許さない状況が続いています。

平成30年8月16日、国連人権差別撤廃委員会の対日審査会合に先立ち、ランチミーティングブリーフィングでスピーチ。「沖縄県で生まれ育ったすべての人々は日本人として生まれ、会話し、勉強し、仕事してきた。日本の少数民族などと意識したことはない」と述べ、県民を先住民族と認定することをやめるよう訴えた。

9 沖縄県の人たちは本当に「琉球独立」を望んでいるのか？

ここ数年、「琉球独立」という単語が新聞や雑誌に表れ始めました。「琉球民族独立総合研究学会」などが設立され、「琉球独立は可能だ」と主張したり、それを耳にしたある人は、「沖縄はもともと琉球王国という別の国だったから琉球独立してもおかしくない」と解説し、またある人は安倍総理の沖縄への米軍押し付けが琉球独立運動に火を付けたとし、「沖縄にこれ以上米軍基地を押し付けると本当に独立してしまう」と分析したりしています。

では、沖縄県の人は本当に独立を望んでいるのでしょうか？　琉球独立を最も肯定的に報道している琉球新報に平成二十九年（二〇一七）元日に掲載された県民意識調査があります。前年十月から十一月にかけて二十歳以上の一〇四七人に面接で行った調査です。その調査で独立すべきと答えた方は二・六％でした。

また、戦後、沖縄の人たちが独立を本当に望んでいたのかどうかが、最も明確にわかるデータは選挙です。昭和四十三年（一九六八）十一月十日、復帰前の米軍統治下で初めての行政主席選挙が行われました。即時無条件全面返還を訴える革新統一候補の屋良《やら》朝苗《ちょうびょう》氏と、本土との一体化で制度や経済の格差を解消した上での復帰を訴える自民党の西銘《にしめ》順治《じゅんじ》氏で接戦が行われましたが、候

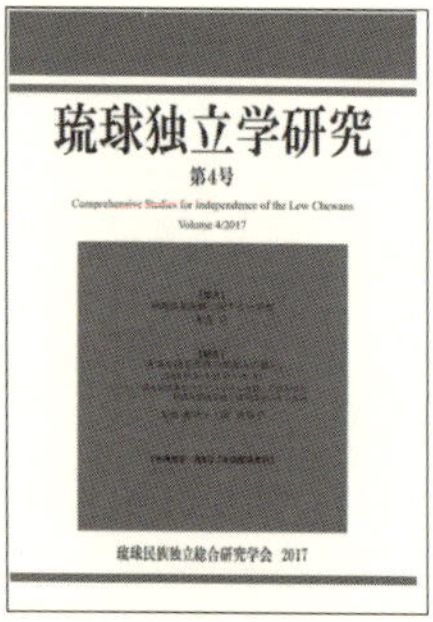

『琉球独立学研究』

補者の中には琉球独立を公約とする琉球独立党の野底武彦《のかたけひこ》氏も出馬していました。その結果、野底氏の獲得票数はわずか二七九票で、得票率〇・〇六三％でした。つまり、当時の県民は九九・九％以上が祖国復帰を求めていたのです。

また、平成十八年（二〇〇六）に琉球独立党を引き継いだ屋良朝助《やらちょうすけ》氏が、党名をかりゆしクラブと変えて、県知事選挙に立候補しました。その時の獲得票は六二二〇票で得票率は〇・九四％でした。その後も那覇市長選挙、那覇市議会選挙にも同様の主張をする候補が出馬していますが、市長選挙の得票率一・四％が最高で、二回の市議会議員選挙の結果は、〇・四七％と〇・四％です。このように、沖縄で過去琉球独立を訴えて出馬して当選した選挙はいまだ皆無で、琉球独立は沖縄で市民権を得ていないのです。

にもかかわらず、なぜ琉球独立論が起きてきたのでしょうか？　実は、琉球独立論は戦前も江戸時代も存在しませんでした。しかし、戦後、米軍統治下の沖縄で、琉球独立論者が急に現れ始め、昭和三十三年（一九五八）、反共産主義、琉球独立、親米を軸とした、台湾に逃れてきた中国国民党を母体とした琉球国民党が結党されました。昭和三十五年（一九六〇）の選挙で、立法議員を擁立しましたが全員落選し、得票率は一・二％で、その後自然消滅しました。

この琉球国民党結党の背後には、沖縄を自らの支配下に置くことを狙う、蒋介石の存在があったのです。

⑩ 蒋介石の琉球独立工作とは？

琉球独立の動きが出始めた背景には、沖縄を大陸反攻の重要拠点と考える蒋介石の沖縄吸収工作がありました。

琉球国民党の結党は昭和三十三年（一九五八）十一月三十日です。その母体となった琉球革命同志会の中心人物が喜友名嗣正《きゆなつぐまさ》でした。彼は久米三十六姓の家系で、唐名を蔡璋《さいしょう》といい、ハワイのホノルル生まれです。日中戦争で、南京の戦線に送られ、そこで発行されていた『大公報』に「反日・反帝」と題した文を発表したところ、蒋介石の目に止まり、国民党兵士の護衛までつける国賓並の待遇を受けることとなりました。

蒋介石は喜友名に「琉球の解放は民族の解放運動でもあるのでその運動を継続するように」と激励したといいます。喜友名は昭和十六年（一九四一）五月に秘密結社、琉球青年同志会を設立して自ら理事長となると、沖縄―台湾間を頻繁に往復するようになります。

大東亜戦争が始まった時期ですが、この時から、「琉球の中華民国への帰還」を呼びかけており、戦時中は中華民国のために沖縄に駐留する日本軍の情報を収集するスパイの任務も担っていました。

終戦後の昭和二十年（一九四五）八月、台湾の基隆《きいるん》市を本拠地として「琉球

久米三十六姓

琉球王国時代、明（福建省）から渡来し、その後那覇市内の「久米」と呼ばれる中国人居留地（租界）に居住した人々とその子孫。琉球政府の要職を占めたエリート層として知られる。

革命同志会」と改名しました。昭和二十三年（一九四八）九月には八日付けで中華民国（大陸）の全国各省市参議会あてに琉球の中国復帰運動への支援要請文を送り、いくつかの省市参議会がこれに呼応しました。その原本の写真と思われるものをネット上で見つけることができますが、その文章を日本語に訳すと、「琉球は中国の属地であり、琉球人民はすなわち中国人民である」から始まり、当時も今も沖縄県民が見たら激怒する内容です。

琉球革命同志会、そしてその後の琉球国民党において運動理論、理論武装はすべて喜友名が担当しています。喜友名のつくった理論と現在のチャイナサイトに掲載されている琉球独立論はほぼそっくりです。彼らの歴史観では、「琉球王国時代の沖縄は明や清の藩属国であり、沖縄の人々は明から渡ってきた久米三十六姓の子孫である」「琉球人民は中華民族の一員である」「一八七九年の沖縄県設置以来、日本の血なまぐさい統治を受け、沖縄戦で日本軍は琉球人を虐殺した」ということになっています。

これに、中国共産党が復帰後のストーリーを付け加え、昭和四十七年（一九七二）の日本復帰は琉球人民にとっては寝耳に水の出来事であり、それ以来、反日反米の琉球独立運動を休むことなく続けているということになっているのです。

こうしたことからわかる通り、結局のところ琉球独立論は、南京大虐殺プロパガンダと同じく、大陸由来のものであり、決して沖縄県民の中から自然発生的に湧いてきたものではないのです。

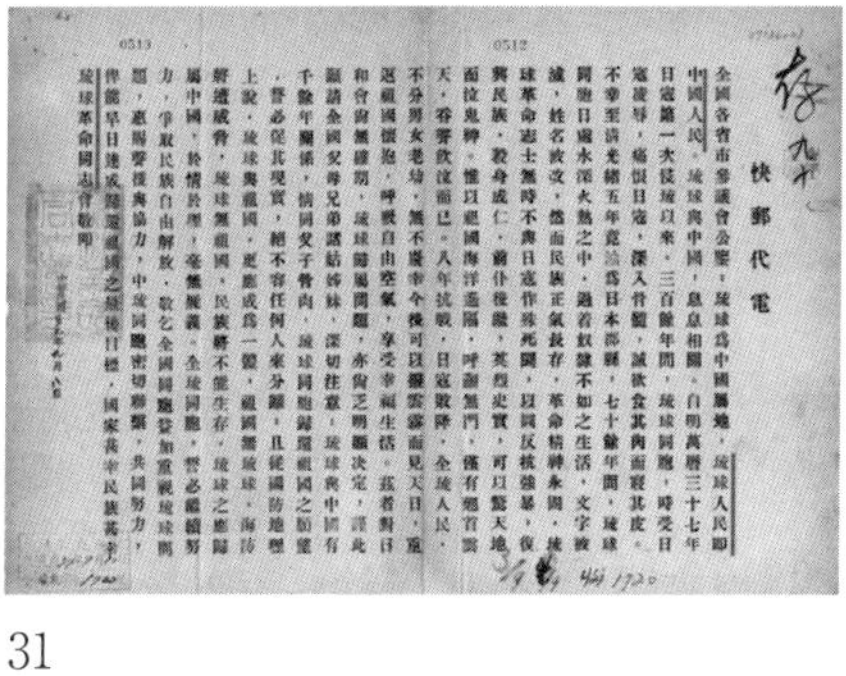

快郵代電

全國各省市參議會公鑒：琉球爲中國屬地，琉球人民即中國人民。琉球與中國，息息相關。自明萬曆三十七年日寇第一次侵琉以來，三百餘年間，琉球同胞，時受日寇蹂躪，痛恨日寇，深入骨髓，誠欲食其肉而寢其皮。不幸至清光緒五年竟淪爲日本郡縣，七十餘年間，琉球同胞日處水深火熱之中，過着奴隸不如之生活，文字被滅，姓名被改，然而民族正氣長存，革命精神永固，琉球革命志士無時不與日寇作殊死鬪，以圖反抗強暴，復興民族，殺身成仁，前仆後繼，其歷史實，可以驚天地而泣鬼神。惟以祖國海洋遙隔，呼籲無門，僅有飲恨含天，吞聲飲泣而已。八年抗戰，日寇敗降，全琉人民，不分男女老幼，無不慶幸今後可以撥雲霧而見天日，重返祖國懷抱，呼吸自由空氣，享受幸福生活。茲者對日和會尚無確期，琉球歸屬問題，亦尚乏明顯決定，謹此籲請全國父母兄弟諸姑姊妹，深切注意，琉球與中國有千餘年關係，情同父子骨肉，琉球同胞歸還祖國之願望，誓必促其現實，絕不容任何人來分離，且從國防地理上說，琉球與祖國，更應成爲一體，祖國無琉球，海防缺遺藩籬，琉球無祖國，民族將不能生存，琉球之應歸屬中國，於情於理，毫無疑義，全琉同胞，誓必繼續努力，爭取民族自由解放，敬乞全國同胞發加重視琉球問題，惠賜聲援與協力，中琉同胞密切聯繫，共同努力，俾能早日達成歸還祖國之最後目標，國家甚幸民族甚幸。

琉球革命同志會敬叩

琉球革命同志会「中国復帰要請文」

「中琉の同胞が密接に連携・共同・努力し、一日も早く祖国に帰還するという最後の目標を達成できるようにさせていただければ国家は幸甚であり、民族も幸甚です。」

⑪ 沖縄は「日本本土の捨て石」だったのか？

大東亜戦争末期の沖縄戦は、人類史上最大ともいえる激戦で戦死者数には諸説ありますが、少なくとも日米双方で合計二十万人以上もの方が戦死しました。そのうち、沖縄県民だけで十二万人以上（うち軍人二万八千人、一般住民九万四千人）の方が戦死しました。当時の人口は約六十万人ですので、県民五人に一人が亡くなったことになります。

沖縄では、このような悲惨な歴史を繰り返さないため、また忘れないために、沖縄戦の組織的戦闘が集結した六月二十三日を慰霊の日と条例で定め、毎年「沖縄全国戦没者追悼式典」を開催し、総理大臣も参列しています。

しかし、沖縄戦で戦死したのは沖縄県民だけではありません。沖縄県外の四十六都道府県出身の戦死者も六万六千人以上にのぼるのです。中でも最も戦死者が多い都道府県は、沖縄から最も離れている北海道で一万人を超えます。六万六千人の中には九州から沖縄に向かって飛び立っていった特攻隊員や玉砕した愛媛県松山市の第二二連隊も含まれています。

これらの事実を知ったならば、「沖縄県民は捨て石になった」などと言うことはできないはずです。つまり、沖縄戦とは官軍民一体となり、さらに全国の若者の命を賭して戦った祖国防衛決戦であり、後世に語り継ぎ日本民族で共有すべき歴史なのです。

昭和二十年三月二十六日、地元出身の伊舎堂用久《いしゃどうようきゅう》大尉率いる誠第十七飛行隊が石垣島の白保飛行場を飛び立ち、慶良間諸島への上陸作戦を展開する米軍艦隊への体当たり攻撃を敢行し大きな戦果をあげました。沖縄戦最初の特攻作戦です。

三月二十六日のラジオ及び二十七日の全国各地新聞は、「伊舎堂・神鷲の武功」と題し大々的に報じました。戦後、地元でも忘れられていた石垣島からの特攻隊ですが、平成二十五年、遺族や地元の有志の働きかけで、「伊舎堂用久中佐と隊員の顕彰碑」が建立されました。顕彰碑には伊舎堂用久が死を覚悟する胸の内を綴った辞世の句が刻み込まれています。

指折りつ待ちに待ちたる機ぞ来る千尋《ちひろ》の海に散るぞたのしき

おそらく、故郷沖縄に米軍の上陸を許さないという気持ちで飛び立っていったのでしょう。現在の日本は、このように国を守った先人の礎の上に存在しているといえます。私達は戦争の悲惨さのみならず、このように、祖国防衛に殉じた方々の志もしっかり語り継いでいかなければならないと思うのです。

沖縄戦等で亡くなった方々の人数（「平和の礎」に刻印された数／平成30年6月1日現在）

都道府県	刻銘者数	都道府県	刻銘者数	都道府県	刻銘者数	都道府県	刻銘者数
北海道	10,805	青森	565	岩手	685	宮城	637
秋田	485	山形	866	福島	1,013	茨城	754
栃木	696	群馬	881	埼玉	1,138	千葉	1,622
東京	3,517	神奈川	1,334	新潟	1,234	富山	876
石川	1,072	福井	1,184	山梨	551	長野	1,376
岐阜	1,075	静岡	1,714	愛知	2,974	三重	2,727
滋賀	1,691	京都	2,546	大阪	2,339	兵庫	3,201
奈良	590	和歌山	916	鳥取	553	島根	745
岡山	1,838	広島	1,352	山口	1,207	徳島	1,285
香川	1,393	愛媛	2,088	高知	1,006	福岡	4,030
佐賀	1,028	長崎	1,600	熊本	1,975	大分	1,489
宮崎	1,854	鹿児島	2,929	沖縄	149,502	計	226,938

⑫ 沖縄戦で日本軍は県民を守らなかったのか？

もし、国内が戦場になった時、皆さんは自分や家族の命を守るために避難しなければなりません。その際、自衛隊を頼りますか？　それとも、地方自治体の職員を頼りますか？　おそらく多くの方は自衛隊と答えるのではないでしょうか。東日本大震災など、大きな災害の時、自衛隊が救出に来てくれて、炊き出しをしてくれました。有事の時も同じと考えがちですが、それは大きな間違いなのです。

戦場において自衛隊は敵の攻撃の対象になって、民間人が一緒だと巻き込まれてしまいます。そのため、民間人と自衛隊（軍隊）は切り離さなければならないのです。武器を使って敵を排除する任務は自衛隊にしかできませんから、自衛隊の貴重な限られた戦力が国民保護に割かれてしまうと敵を排除するという任務が手薄になってしまいます。ですから国内が戦場になった場合、民間人は、自衛隊に頼らずに自治体の職員を頼って、その誘導・指示にしたがって避難しなければなりません。自治体の職員は、有事の際に住民のために命をかける仕事だということもできます。

実際に過去、そうした事例がありました。それは沖縄戦です。米軍が上陸してきた沖縄戦において命がけで県民を避難させたのは日本軍ではなく、県知事

牛島満

第32軍司令官。沖縄戦では、県民の疎開・食糧確保などにも尽力した。

でした。県知事の指揮のもと、県の職員や県警の隊員たちが県民の避難、疎開推進の責務を担ったのです。一人でも多くの県民の命を守るため避難させせようとその職に殉じたのが、兵庫県出身の島田叡《あきら》知事と栃木県出身の荒井退造県警本部長です。二人は軍人ではありませんが、今でも沖縄の島守として多くの県民の感謝を集めています。

慶良間諸島では多くの自決者が出ました。それは小さな島で山岳地に逃げ込むしかなかった島民が、降伏を拒んで自決してしまった悲劇でした。今でもこれを「日本軍は県民を守らなかった」という方がいますが、誤りです。

国民保護の責任は軍隊ではなく自治体にあり、これは国民保護の失敗なのです。本来なら米軍が慶良間諸島に上陸する前に島民を全員避難させなければならなかったのです。慶良間の集団自決から私たちが反省しなければならないのは、「当時の県や慶良間諸島の自治体は、なぜ、もっと早く島民を避難させることができなかったのか」ということであるべきなのです。

現在の日本は、相手からの武力行使があった後、必要最小限で対抗するという専守防衛をうたっています。しかし、これは軍事的な実態でみれば、はじめから、「本土決戦」を覚悟せねばならないということを意味しています。現在の日本政府の国防方針が変わらない限り、有事の際、国民の命を護るためには、国民保護訓練の習熟度を高めることが最も重要なのです。

島守の塔（沖縄県糸満市）と島田叡

1951年（昭和26年）、県民からの寄付により、島田叡をはじめ県職員453名の慰霊碑として、摩文仁の丘に建てられた。

⑬ 沖縄戦の英霊と大田實中将の訣別電文

前述したように、沖縄戦は人類史上最大ともいえる激戦で、沖縄県民だけで十二万人以上の方が戦死しましたが、戦死したのは沖縄県民だけではありません。沖縄県外の四十六都道府県出身の戦死者も六万六千人以上にのぼるのです。その中で最も戦死者が多い都道府県は、最も沖縄から離れている北海道で一万人を超えています。

沖縄戦の特徴は、「官軍民一体」「学徒隊」の二つの言葉に集約されます。つまり、学徒隊を含む沖縄県民が一丸となって祖国防衛戦を遂行したからこそ、米軍の計画や予想を覆して、三か月もの長い間戦うことができたのです。この沖縄県民の献身的な戦いを見ていた海軍の指揮官がいました。大田實海軍中将です。大田中将は「沖縄県民斯ク戦ヘリ」で有名な訣別電文を遺しています（巻末資料参照）。

この決別電文に心を動かされた政治家がいました。沖縄県復帰と同時に、初代沖縄開発庁長官に就任した山中貞則氏（鹿児島三区選出）です。山中氏は「あの激戦を戦った将官の中に、県民にこれほど思いを馳せた人がいたのか、これこそ我々が引き継ぐべき沖縄問題の原点ではないか！　それに引き換え今の政府の沖縄対策は座して見ているだけではないか！」と強く心に思ったのです。

大田實

海軍少将（亡くなった後に中将に昇進）。沖縄戦では約9000名の部下を率いて米軍と戦った。

山中氏は昭和三十九年（一九六四）十一月、佐藤栄作氏が首相に就任すると、膝詰めで次のように談じ込みました。「戦後二十年、歴代首相は誰一人、沖縄へ行っていません。あなたが行って『長い間苦労をかけたが、もう少し待ってくれ』と慰めて下さい」

佐藤首相は「それをやれば、沖縄に内閣の命運を賭けることになるぞ」と言い、山中氏は「県民が祖国に復帰できるか否かには、内閣の命運をかける価値があります！」と言い返しました。佐藤総理はしばらく考えていましたが、ついに意を決して「君が道案内しろ」と沖縄返還に内閣の命運をかける覚悟をしたのです。

こうして、昭和四十年（一九六五）八月十九日、佐藤総理は、戦後初の現職首相として那覇空港に降り立ち、次のような演説を行ったのです。

「沖縄が本土から分れて二十年、私たち国民は沖縄九十万のみなさんのことを片時たりとも忘れたことはありません。本土一億国民は、みなさんの長い間の御労苦に対し、深い尊敬と感謝の念をささげるものであります。私は沖縄の祖国復帰が実現しない限り、わが国にとつて『戦後』が終わっていないことをよく承知しております」。

この演説以降、日本政府の沖縄返還交渉は急加速していったのです。

那覇空港で演説する
佐藤栄作首相

⑭ 捕虜収容所から始まった沖縄県祖国復帰運動

大東亜戦争敗戦後、日本はＧＨＱの間接統治を受けましたが、形式上は日本人により内閣も運用されました。

一方、沖縄戦で米軍に上陸支配された沖縄では、米軍が昭和二十年（一九四五）三月、戦争終了を待たずに、上陸と同時にニミッツ布告を発布し、奄美を含む北緯三〇度以南の南西諸島全域における日本政府の行政権の停止と軍政開始を宣言しました。

そして昭和二十一年（一九四六）一月二十九日、ＧＨＱは、ニミッツ布告第一号による行政分離を追認し、沖縄は行政的に日本から分断された統治が行われることとなりました。

当初は、琉球列島米国軍政府、その後は琉球列島米国民政府が設置され、その下に琉球政府が置かれました。こうして沖縄の行政は米国式で行われるようになり、車は右側走行、速度計はマイル表示、通貨はドルが使われました。しかし、沖縄県民はこのような植民地統治をそのまま唯々諾々《いいだくだく》と受け入れたわけではありませんでした。

沖縄の戦後は捕虜収容所から始まりました。昭和二十年（一九四五）八月十三日、知念収容所の中で、仲吉良光《なかよしりょうこう》氏（元首里市長）らが地区米軍隊長に対し、

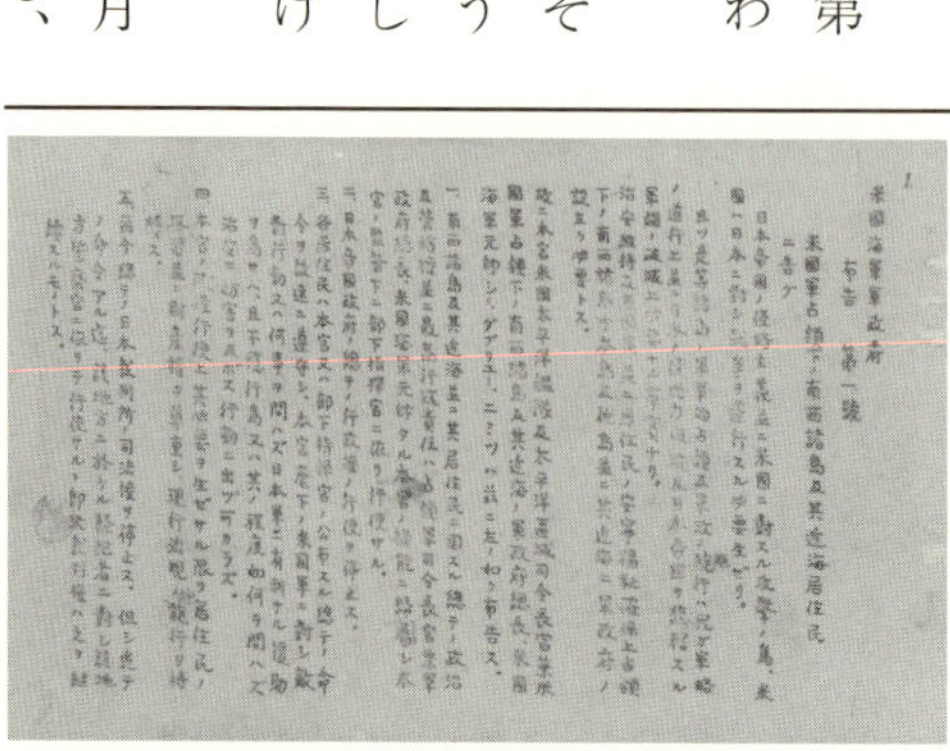

ニミッツ布告

「対日講和の際、沖縄は日本の一部として残るよう配慮方をワシントン政府に進言してもらいたい」と陳情書を提出しました。隊長からは「政治上の陳情はマッカーサー司令部に提出すべきだ」と忠告を受け、翌年の八月、仲吉は上京し、在京沖縄県人の漢那憲和《かんなけんわ》氏などとともに、マッカーサー司令部の日本人将校に英訳した陳情書を手渡しました。その時の陳情書の日本文は次の通りです。

「沖縄は固有の日本領土であり、住民も日本人であり、言語、習慣、信仰など全て日本本土と同一である。これまで幾多の困難に際し、沖縄県民は、本土同胞と相協力してきたのである。今後とも苦楽を共にするのが人情自然であり、沖縄県民の希望である。沖縄は日本以外、かつて一度も他国の支配を受けたことが無い。この伝統精神と全沖縄人の希望を尊重され、沖縄が元通り日本の一県として残るよう特別のご配慮を賜りたい」

この陳情書の内容は、当時の沖縄の人々の自然な感情をまとめたものと考えて間違いないのではないでしょうか。このように沖縄では終戦直後から、日本人として当たり前な感情の発露により祖国日本へ復帰する運動が始まっていったのです。

労役のため収容所に集められた大勢の地元民（昭和20年8月5日、現うるま市石川）

⑮ 米軍統治下の沖縄における学校教育とは？

沖縄を永久基地として使いたい米軍は、沖縄の学校教育やラジオ放送はできれば英語、それがだめなら琉球語で、日本語は避けたいと考えていました。

そのため、終戦直後の収容所時代においては、言語教育はどうなるのか不安が広がっていました。そのような時、諮詢委員会文教部長の山城篤男《やましろあつお》が「言語教育はどこまでも標準語（日本語）で行け」と指示を出したのです。それは取りも直さず『日本人としての教育を断行せよ』ということであり、闇夜の中の一条の光だったのです。

軍政府情報教育部は、沖縄民政府文化部芸術課長の川平朝申《かびらちょうしん》に琉球語で放送するように圧力をかけましたが、川平は次のように反論しました。

「琉球語は日本語である。一般的に今日の琉球語は日本の地方語であり、日本語放送のＮＨＫでは放送言語を普通語といい、放送言語として統一している。演劇や娯楽番組では地方語を用いているが、それはあくまで娯楽番組のみ用いられているのである。琉球語という言語だけを使用すると聴衆者を制限することになり、おそらく首里、那覇近郊の三十才以上の人間しか理解できない。しかも琉球語で科学、芸術、学芸の表現は極めて困難で、放送は老人層の具にしかならないだろう。ラジオ放送は全県民に聴取できるようにしてこそ、その使

沖縄諮詢委員会

昭和二十年八月十五日の石川民間人収容所において、琉球列島米国軍政府の招集による住民代表者会議の結果、同年八月二十日に美里村石川に設けられた同軍政府の諮問機関。

太平洋戦争末期の沖縄戦により沖縄県庁が壊滅した後の、沖縄本島における最初の行政機構で、十五人の委員からなる合議制諮問機関として機能し、翌昭和二十一年に沖縄民政府が創設されるまで米国軍政府と沖縄諸島住民との意思疎通機関としての役割を果たすことになった。なお、専門の庁舎は存在せず、委員の自宅が事務所として利用された。

命は果たされるのです」

講和条約の締結が近づき、米軍統治が続く見通しが見えてきた沖縄では、占領軍の言語である英語を使用言語にしたほうが、沖縄の未来は開けてくるのではないかという声もあがってきました。しかし、昭和二十六年（一九五一）四月二十八日沖縄群島議会議事に以下の議事録が残されています。

宮城久栄君　第十八条四号（沖縄群島教育基本条例）に日常生活に必要な国語とありますが、小さいことですが、講和条約後、万一米国の信託統治になった場合の国語は何を指すのですか、英語か日本語か？

文教部長（屋良朝苗君）　現在の言葉を指しているつもりであります。我々の標準語をさしております。我々の標準語といっているもの即ち日本語をさしているのであります。

宮城久栄君　帰属がどう決まってもいつまでも日本語を国語としますか。

文教部長　帰属如何にかかわらず、私はそう思っております。この言葉を通して沖縄の文化建設をしていくのが妥当と思います。（以上）

このように、当時の沖縄のリーダーが日本人としてのアイデンティティを守ったことにより、米軍統治下の沖縄の学校教育、テレビ・ラジオの放送は日本語で行われたのです。

16 祖国復帰を実現に近づけた、米軍統治下の日の丸掲揚運動

昭和二十年（一九四五）六月、米軍による沖縄占領が完了して以来、沖縄全土から日の丸が消えていました。米軍の布令一号で掲揚が厳しく禁止されていたからです。昭和二十七年（一九五二）にサンフランシスコ講和条約が締結されて、政治的意味を持たない個人の家庭や私的な会合に限り許可されるようになりました。

しかし、学校や市町村役場など公の建物では許可されませんでした。アイゼンハワー大統領は、昭和二十九年から三十一年まで毎年、年頭教書で「米国は自由世界の安全保障のうえから、沖縄占領を無期限に継続する」と言明していました。昭和三十三年（一九五八）九月、当時沖縄で通貨として用いられていた軍票のB円を、軍政府はドルに切り替えました。沖縄教職員会会長の屋良朝苗氏は「いよいよ米軍の沖縄永久統治の体制をつくり始めた」と受け止め、切り替えに反対しました。

この頃から、教職員会は毎年、年末になると米国民政府や琉球政府行政主席に正月の学校等での日の丸掲揚許可を要請するようになります。行政主席への要請文には次のように書かれていました。

「完全に日本復帰が実現した暁に、日本国民としての魂の空白をつくること

B円からドルへの通貨交換実施（昭和33年）

なく、豊かな国民感情と国民的自覚を堅持せしめるためには、機会あるごとに日本の象徴である『日の丸』の旗を掲揚し、之に親しませることは極めて重要なことであって、このことは琉球住民はもちろん、わけても教育会にとって最も重大な意義を持つものであると信ずる」

しかし、ブース高等弁務官は、「国旗は行政権のシンボルだ。星条旗を建てさせてもよいがそれをしないのはせめてもの慈悲だ」と言い、屋良氏は、「日の丸は民族のシンボルだ。沖縄には日本の潜在主権があるのだから立ててもよいはずだ」と反論しました。これは、「潜在主権により沖縄住民は米軍統治下とはいえ、日本人だということが認められている。日本人なら民族のシンボルである日の丸を掲揚する権利があるはずだ」という理論です。昭和三十六年（一九六一）六月、池田総理は沖縄側の日の丸掲揚の要望をケネディー大統領との首脳会談において、日本側の要望として取り上げ、その結果「日本の祝日、正月の三が日、琉球の祝日」には学校公共施設での掲揚が許可されました。沖縄での日の丸掲揚は当時の日米首脳会談の最重要課題だったのです。

そして、昭和三十九年（一九六四）の東京オリンピック聖火リレーでは、米軍統治下でありながら、沖縄が日の丸で埋め尽くされることになったのです。このようにして、日の丸掲揚運動は沖縄祖国復帰を実現へと近づけていったのです。

屋良朝苗

沖縄戦後、沖縄群島政府文教部長、沖縄教職員会長などを歴任の後、本土への早期復帰を訴えて第５代行政主席に就任した。復帰後は昭和 51 年まで県知事として在任した。

⑰ 沖縄を日の丸で埋め尽くした東京五輪の聖火リレー

二〇二〇年の東京オリンピックの開催も、秒読み段階へと近づいてきました。前回、昭和三十九年（一九六四）に開催された東京オリンピックは、日本の戦後復興のシンボルであり、「戦後の終り」を華々しく世界に告げました。

しかしその瞬間も、沖縄はいまだに米軍の占領下にありました。当時の沖縄県民は東京オリンピックをどのように受け止めていたのか。それを雄弁に物語るのが琉球郵便の記念切手「一九六四　オリンピック東京大会沖縄聖火リレー」です。

守礼門と聖火トーチ、五輪マークが描かれています。実は、この東京オリンピックの聖火リレーの国内の出発点は沖縄でした。米軍統治下のため祝日以外の日の丸の掲揚は禁止されていましたが、県民をあげて盛大に聖火リレーを歓迎し、日の丸を振って迎えたため米国民政府はそれを黙認せざるをえなかったのです。

そのモニュメントがしっかり残っている地域があります。沖縄県の北部の東海岸沿いに位置する名護市の嘉陽《かよう》という小さな集落です。嘉陽は那覇空港から出発した聖火リレーの折り返し地点で、聖火がそこで一泊したため、「聖火宿泊碑」という石碑が残っています。当時を知る住民は、次のように語りました。

聖火宿泊碑
（名護市嘉陽）

東京五輪記念切手

「学校からは鼓笛隊が歓迎の演奏をしたり、炊き出しをしたりして一生懸命村をあげて歓迎しました」「とにかく人の波、波でした」「外国からも沢山人が来て、嘉陽小学校の運動場には人が入りきれないぐらいでした」「聖火を見るといって、２階建ての建物にも人が登っていました」

日の丸について聞くと次のように答えます。「山から竹をとってきて、お椀で丸い形をとって赤く塗り、日の丸の手旗をとにかく沢山つくりました」

当時の写真を見ると、聖火台の後ろには、日の丸、五輪旗、星条旗が並んで翻っています。米軍占領下の中で国歌斉唱をしたり、日の丸を振って聖火を迎えることが、日本人としてのアイデンティティに火をつけ、後の復帰運動の盛り上がりにつながったことは疑いようがありません。佐藤栄作総理大臣が、戦後歴代の総理大臣として初めて沖縄を訪問したのが、オリンピックの翌年だったことも偶然ではないはずです。東京オリンピックは、米軍に分断統治されていた沖縄を再び日本に引き戻したのです。

今、沖縄では中国の沖縄分断工作と思われる琉球独立を提唱する団体が現れはじめています。次回の東京オリンピックは、この異常事態を解決し、沖縄と日本が一体となるような運営を強く願います。

東京五輪聖火リレー（昭和 39 年 6 月）

沖縄県南部を走る東京五輪の聖火ランナー。多くの沖縄県民が沿道で日の丸の小旗を振って盛大に出迎えた。

⑱ かつては祖国復帰運動を支持していた中国共産党

沖縄県祖国復帰運動の背後には、毛沢東や中国共産党が関与していた事実があります。筆者が入手したその証拠を示します。

まず第一点目が昭和三十九年（一九六四）一月二十七日の人民日報に掲載された毛沢東の日本の愛国運動支持声明です。現在は中国共産党新聞の毛沢東文集第八巻に収められており、ネットでも閲覧可能です。中国語で次のような趣旨のことが書かれています。

「中国人民は日本人民の偉大なる愛国闘争を断固支持する」というタイトルで、「日本の人々が一月二十六日に開催した大反米デモは、偉大なる愛国運動である。中国人民を代表して日本の英雄の皆様に敬意を表明します。最近、日本では、米国に対して大規模な大衆運動を開始し、米軍基地の撤去要求と米軍武装部隊の撤退の要求、日本の領土沖縄の返還要求、日米安全保障条約の廃止、等々。すべてこれは日本人民の意思と願望を反映している。（以下省略）」とあります。

この記事から、東京の安保闘争、沖縄の復帰闘争の動きが毛沢東に報告される情報網が構築されていたことがわかります。また近年、中国国内では琉球は古来より中国の一部であると主張しはじめていますが、この当時の毛沢東は沖

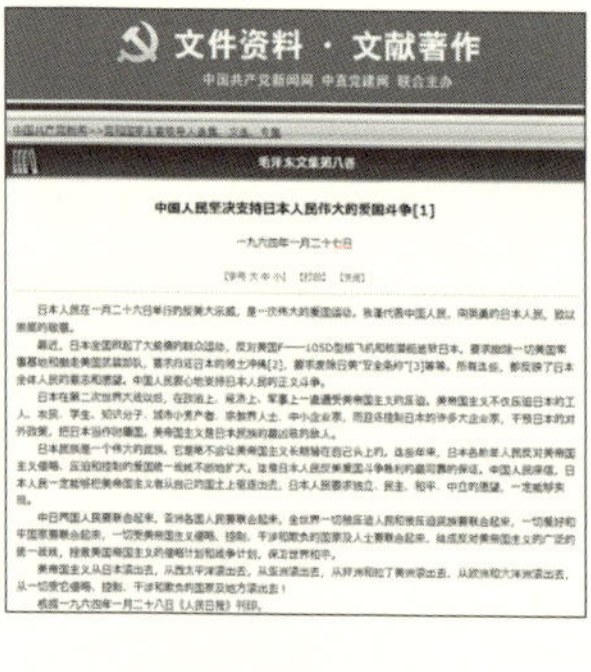

文件资料・文献著作

中国共产党新闻网 中直党建网 联合主办

毛泽东文集第八卷

中国人民坚决支持日本人民伟大的爱国斗争[1]

一九六四年一月二十七日

【字号 大 中 小】【打印】【关闭】

日本人民在一月二十六日举行的反美大示威，是一次伟大的爱国运动。我谨代表中国人民，向英勇的日本人民，致以崇高的敬意。

最近，日本全国兴起了大规模的群众运动，反对美国F——105D型核飞机和核潜艇进驻日本，要求撤除一切美国军事基地和撤走美国武装部队，要求归还日本的领土冲绳[2]，要求废除日美"安全条约"[3]等等。所有这些，都反映了日本全体人民的意志和愿望。中国人民衷心地支持日本人民的正义斗争。

日本在第二次世界大战以后，在政治上、经济上、军事上一直遭受美帝国主义的压迫。美帝国主义不仅压迫日本的工人、农民、学生、知识分子、城市小资产者、宗教界人士、中小企业家，而且还控制日本的许多大企业家，干预日本的对外政策，把日本当作附属国。美帝国主义是日本民族的最凶恶的敌人。

日本民族是一个伟大的民族。它绝不会让美帝国主义长期骑在自己头上的。这些年来，日本各阶层人民反对美帝国主义侵略、压迫和控制的爱国统一战线不断地扩大。这是日本人民反美爱国斗争胜利的最可靠的保证。中国人民深信，日本人民一定能够把美帝国主义者从自己的国土上驱逐出去。日本人民要求独立、民主、和平、中立的愿望，一定能够实现。

中日两国人民要联合起来，亚洲各国人民要联合起来，全世界一切被压迫人民和被压迫民族要联合起来，一切爱好和平国家要联合起来，一切受美帝国主义侵略、控制、干涉和欺负的国家及人士要联合起来，结成反对美帝国主义的广泛的统一战线，挫败美帝国主义的侵略计划和战争计划，保卫世界和平。

美帝国主义从日本滚出去，从西太平洋滚出去，从亚洲滚出去，从非洲和拉丁美洲滚出去，从欧洲和大洋洲滚出去，从一切受它侵略、控制、干涉和欺负的国家及地方滚出去！

根据一九六四年一月二十八日《人民日报》刊印。

中国共産党新聞

縄を日本領土と主張しており、両者に矛盾があるということもわかります。

二つ目の証拠は、中国の抗日戦争勝利二十周年の記念切手です。中国の切手ですが、日本語で「沖縄を返せ」と書かれている襷《たすき》をかけた男性の絵が描かれています。これは、中国と日本が連帯して、沖縄から米軍を追い出すシンボル以外の何物でもありません。

最後に三点目の証拠は、東京大学の石井明名誉教授が平成二十二年（二〇一〇）に『境界研究』という雑誌に寄稿した「中国の琉球・沖縄政策」という論文です。

昭和四十七年（一九七二）一月十二日から二十一日までの間、中日友好協会の招きで沖縄県中国友好訪問団（団長仲吉良新以下九名）が中国を訪問して周恩来に会見しました。周恩来は沖縄問題に関しては、「いわゆる沖縄返還協定はペテンであるが、これは返還の始まりとみることができる。沖縄返還の闘いが終わったわけではなく、今回の沖縄返還を一つのステップにして、沖縄人民の求める形の沖縄を取り戻す闘いはこれからも続く」という趣旨の発言をし、沖縄代表団は翌日、一月二十二日、沖縄の反米・本土復帰闘争報告会に出席したと書かれています。

この時のパイプは復帰後も続いており、現在も後任の組織に引き継いだ形で指揮命令系統として機能している可能性が高いと思われます。

抗日戦争勝利 20 周年切手

⑲ 沖縄県祖国復帰運動の舞台裏とは？

昭和四十六年（一九七一）六月十七日、日本と米国は沖縄返還協定に調印しました。沖縄はついに異民族支配から二十七年ぶりに解放されることが決まったのです。あとは日米両国の議会で協定の批准を待つのみとなっていました。

ところが、祖国復帰協議会は、米軍基地が残った形での復帰は受け入れられないとして、返還協定粉砕という過激なスローガンを掲げ、ゼネラル・ストライキを繰り返す激しい反対運動を始め、その運動が安保闘争モードに豹変していたのです。

当時はベトナム戦争真っ最中です。また、朝鮮戦争も休戦中でありいつ再び勃発するかわからない状態でした。さらには当時の中華人民共和国は核兵器の開発がほぼ完成しつつあり、自由主義陣営にとっては新たな軍事的脅威が現れていたのです。そのような中で、沖縄から米軍基地を追い出し、自衛隊の配備も阻止して沖縄を丸裸にしようというのが祖国復帰協議会の復帰運動の実態だったのです。

国会では同年の国政参加選挙で参議院議員に当選した祖国復帰協議会委員長の喜屋武《きゃん》真栄《しんえい》氏が与野党の議員に返還協定の批准に反対するように言い回っていました。そのため国会では、「沖縄県民が望まないのなら無理して強行採決

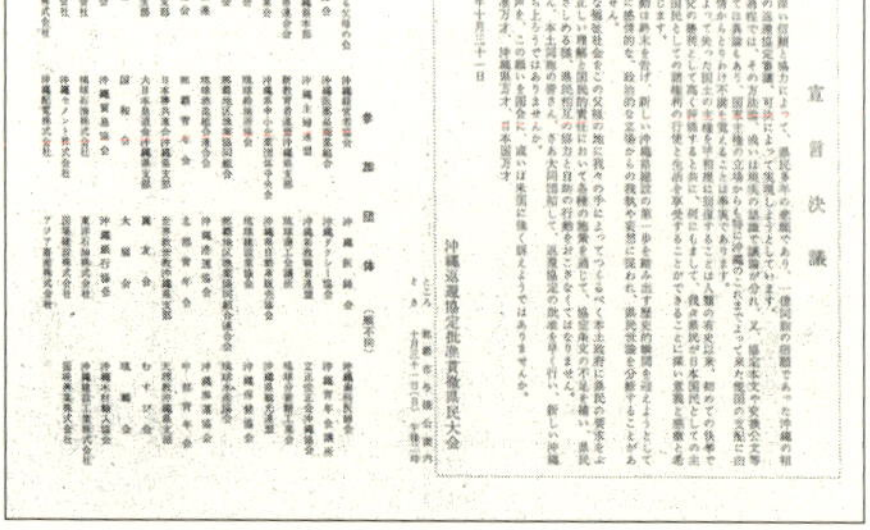
宣言決議

一九七一年十月三十一日

沖縄返還協定批准貫徹県民大会

沖縄返還協定批准貫徹県民大会の決議文（昭和46年10月31日）

する必要は無い」という空気が蔓延《まんえん》していたのです。

では、運動に参加している県民は、本当に沖縄が復帰しなくて良いと思っていたのかというと、そうではなく、復帰すること自体は既に決まっているものであり、復帰の条件をよくするための運動だと思って参加していたのです。つまり、祖国復帰協議会や地元マスコミに、ほとんどの県民が騙されていたことを意味します。

そのような中、沖縄返還交渉のやり直しは不可能であり、今のチャンスを除いて沖縄の復帰はありえない。このままでは子どもたちがどこの国の人間だかわからないような人に育ってしまうと、復帰の危機を悟った教職員五名が沖縄教職員会を脱退し、「沖縄返還協定貫徹実行委員会」を立ち上げました。十月三十一日に与儀公園で一〇〇〇名の大会を開くと、十一月三日には代表団八名で上京し、国会や政府に「沖縄県民の本心は全員が復帰を望んでいる」と涙ながらに早期批准を要請しました。その結果、十一月十七日には自民党が沖縄返還協定を強行採決で批准することとなります。

昭和三十五年（一九六〇）から沖縄の祖国復帰の大衆運動の中心的役割を担ったのは「沖縄県祖国復帰協議会」ですが、実はその目的は日米安保破棄であり、彼らによって県民全体が安保闘争に巻き込まれ、復帰の実現が危うくなったところを、国会に本当の沖縄県民の声を伝え、祖国復帰を貫徹させたのが、「沖縄返還協定貫徹実行委員会」だったのです。

沖縄返還を求めて東京都内でデモ行進（昭和46年11月）

【沖縄コラム3】

沖縄県祖国復帰協議会の実態

昭和三十五年（一九六〇）四月二十八日、米軍統治下にあった沖縄で祖国日本への復帰を求める全県的な統一組織として「沖縄県祖国復帰協議会」が設立されました。当時は省略して「復帰協」と呼ばれました。結成大会で日本政府、米国政府及び国連に「沖縄返還についての要請決議」を行っています。それから十二年間もの運動を経て昭和四十七年（一九七二）五月十五日、沖縄は晴れて祖国日本への復帰を果たしました。復帰協が解散したのは、それから五年後の昭和五十二年（一九七七）五月十五日です。その間はどのような運動をしていたのでしょうか？

復帰協は、昭和四十六年（一九七一）には、「自衛隊の沖縄配備に断固反対し、即時撤回を要求する決議」を行っています。また、翌年には、復帰記念行事である沖縄海洋博覧会の開催に反対していました。さらに、昭和四十八年（一九七三）には、「自衛官の琉大入学に反対する決議」まで行っています。

沖縄が日本に復帰したら自衛隊が配備されるのは当然の事です。それでは、何故復帰協は自衛隊反対運動を行ったのでしょうか？

復帰協が結成された最初の年に行った最大の運動は日の丸掲揚運動です。当時の沖縄は米国施政権下のため自由に日の丸を掲揚することが許されていませんでした。それに逆らって翌年の正月には日の丸を掲揚する運動をしたのです。それから復帰協は毎年四月二十八日に大会を開き、その年の運動方針、運動目標、スローガンを発表していきます。当初の目標はサンフランシスコ講和条約の第三条（沖縄が米国の施政権になることが決まった条文）の撤廃だけでしたが、昭和四十二年（一九六七）の十月に大きく方針転換します。臨時総会を開き、「即時無条件返還要求」行動を行うことを決定したのです。

その結果、十月二十一日にはデモ行進を実施、十一月二日には「即時無条件返還要求県民総決起大会」を開催します。その方針は日米安保条約の継続協議のために十一月十二日に訪米予定の佐藤栄作総理大臣に向けられたものだったのです。つまり、復帰協の求める沖縄復帰は「何の条件もない復帰」「米軍基地を全て撤去する復帰」だったのです。日米安保のある日本に復帰すると、「本土並み」に日米安保が沖縄に適用されて基地が残る復帰になるため断固阻止をするというのです。この時から復帰協の運動の実態は「安保闘争」となっていったのです。そして、昭和四十六年は、五月十九日にゼネラルストライキ（全国規模の労働争議）を行い、「沖縄返還協定粉砕」というスローガンが使われるようになりました。「まず復帰をしてから米軍基地を減らしていく」という方法もあるのですが、復帰協は「米軍基地が残るのなら復帰しない」という考え方を選び、最後には激しい「復帰反対運動」を行っていたのです。

しかし、同年六月十七日には日米で沖縄返還協定が調印され、十一月十七日には自民党の強行採決により協定が批准。沖縄が祖国に復帰する晴れの時、祝いの場に復帰協の姿はありませんでした。

これが、沖縄祖国復帰の歴史の最大の矛盾点であり、「沖縄の祖国復帰を実現させたのは、『沖縄県祖国復帰協議会』ではない」ということがわかります。

1、大田實中将最期の電文

発　沖縄根拠地隊司令官

宛　海軍次官

左ノ電□□次官ニ御通報方《ゴツウホウカタ》取計ヲ得度《エタシ》

沖縄県民ノ実情ニ関シテハ県知事ヨリ報告セラルベキモ県ニハ既《スデ》ニ通信力ナク三二軍司令部又通信ノ余力ナシト認メラルルニ付《ツキ》本職県知事ノ依頼ヲ受ケタルニ非《アラ》ザレドモ現状ヲ看過スルニ忍ビズ之ニ代ツテ緊急御通知申上《モウシア》グ

沖縄島ニ敵攻略ヲ開始以来陸海軍方面防衛戦闘ニ専念シ県民ニ関シテハ殆《ホトン》ド顧《カエリ》ミルニ暇《イトマ》ナカリキ

然《シカ》レドモ本職ノ知レル範囲ニ於《オイ》テハ県民ハ青壮年《セイソウネン》ノ全部ヲ防衛召集ニ捧ゲ残ル老幼婦女子ノミガ相次《アイツ》グ砲爆撃ニ家屋ト家財ノ全部ヲ焼却セラレ僅《ワズカ》ニ身ヲ以テ軍ノ作戦ニ差支《サシツカエ》ナキ場所ノ小防空壕ニ避難尚砲爆撃ノガレ□中風雨ニ曝《サラ》サレツツ乏《トボ》シキ生活ニ甘《アマ》ンジアリタリ

而《シカ》モ若キ婦人ハ卒先《ソッセン》軍ニ身ヲ捧ゲ看護婦烹炊婦《ホウスイフ》ハ元ヨリ砲弾運ビ挺身切込隊スラ申出ルモノアリ

所詮《ショセン》敵来《キタ》リナバ老人子供ハ殺サルベク婦女子ハ後方ニ運ビ去ラレテ毒牙《ドクガ》ニ供《キョウ》セラルベシトテ親子生別《イキワカ》レ娘ヲ軍衛門ニ捨ツル親アリ

看護婦ニ至リテハ軍移動ニ際シ衛生兵既ニ出発シ身寄無キ重傷者ヲ助ケテ敢《アエ》テ真面目ニシテ一時ノ感情ニ馳セラレタルモノトハ思ハレズ

更ニ軍ニ於テ作戦ノ大転換アルヤ夜ノ中《ウチ》ニ遥《ハルカ》ニ遠隔地方ノ住居地区ヲ指定セラレ輸送力皆無《カイム》ノ者黙々トシテ雨中ヲ移動スルアリ

是ヲ要スルニ陸海軍部隊沖縄ニ進駐以来終止一貫勤労奉仕物資節約ヲ強要セラレツツ（一部ハ兎角《トカク》ノ悪評ナキニシモアラザルモ）只管《ヒタスラ》日本人トシテノ御奉公ノ護《マモリ》ヲ胸ニ抱キツツ遂ニ□□□与ヘ□コトナクシテ本戦闘ノ末期ト沖縄島ハ実情形□一木一草焦土ト化セン

糧食《リョウショク》六月一杯ヲ支フルノミナリト謂《イ》フ

沖縄県民斯《カ》ク戦ヘリ

県民ニ対シ後世特別ノ御高配《ゴコウハイ》ヲ賜《タマワ》ランコトヲ

（□は判別不能）

2、屋良朝苗　国会参考人演説

（昭和二十八年二月十九日）

ただいまご紹介いただきました私沖縄教職員会を代表して参っておりますところの屋良朝苗であります。

本日本委員会におきまして日ごろ私どもが悩んでおりますところの深刻な問題について訴えを申し上げ、お願いをする機会を与えてくださいましたことは、終戦以来祖国と切り離された悲境にある私どもにとりましては格別な感激であり、光栄でありまして、ここに深甚の謝意を表する次第であります。

この機会を与えてくださいましたことは、皆々様が沖縄のことにつきまして非常に御関心を払っておってくださるということの現われでありまして、私は沖縄全住民を代表いたしまして、その御厚意に深甚の感謝の意を表する次第でございます。

さて悪夢のような十数年の歳月は、御同様有史以来のいばらの道でありましたが、今や祖国は晴れて主権を回復し、独立第二年を迎え、いよいよ国運発展の基礎を固められつつありますことはまことに喜びにたえず、衷心から祝意を表するものであります。

しかしながら翻《ひるがえ》って沖縄の現状を顧みますと、今次太平洋戦争におきまして、物心両面ともに灰燼《かいじん》的な打撃を受け、さらに戦後長い期間完全なる占領行政の特殊事情のもとに置かれて参ったのであります。いままた変転きわまりない国際情勢の俎上《そじょう》に載せられて、将来についても確たる見通しも立たない苦境に立って懊悩《おうのう》している次第であります。

この複雑混迷のさ中にあるだけに、真に再建の基礎をつちかう教育の持つ意義は、実に重かつ大なるものがあると確信いたすものであります。

沖縄の教育者またこのことを確認いたしまして、あらゆる困苦欠乏に耐えながら教育を守って行くためにいばらの道を闘いつつありますが、教育を阻むあらゆる過酷なる条件にさいなまれまして、内容的効果をあげ得ないでまことに苦慮しているのであります。

たといいかなる環境の中にあっても、教育の対象である青少年は絶えず成長を続けて行くものであります。そしてその成長を助ける教育はいわゆる百年の大計のもとに行われる永遠のものでなければなりません。従って教育こそは、永遠の基礎の上に本来の姿において打ち立てられなければならないと思うのであります。

しかるに沖縄の置かれている国際的地位はまったくこの基本的条件を不可能にしているのであります。すなわち沖縄の現在の立場はまったく畸形《きけい》的不明瞭な仮の姿でしかないと思うのであります。そのような基礎の上に真実永遠の教育の建設は遺憾ながら不可能であります。

沖縄の歸属《しょぞく》の問題については国連憲章や平和条約締結の根本精神たる人道主義的立場からしても、また民族的文化的歴史的な関係からしても、さらに沖縄県民の心情からしても、祖国日本に復帰すべきことはきわめて当然であって、本質的には何らこれを阻む理由はないと信じるものであります。われわれはこの確固たる大前提に立って若い世代の教育を進めて行きたいのであります。

すなわち形式的にもまた実質的にも真実の日本人として祖国の児童生徒と同一の基礎や立場に立って教育を施して行きたいのであります。

しかるに冷厳なる現情勢はこの押えがたい欲求を完全に阻んでいるのであります。われわれは何とかしてこの障害を排除して、畸形的な架空的な逆境から脱却して、永遠に向って伸び行く子供たちを一日も早く本然の姿において育て、素直な成長に空白を残さないように熱願しているものであります。それこそは一日も早く沖縄が元の沖縄県として祖国に復帰することによってのみかなえられることであります。

およそ個人にいたしましても、戸籍のない子供は肩身の狭い浮浪児であると存ずるのであります。そのような境遇の子がはたして素直順調に成育して参りましょうか。同様に社会にしても現実的に国語があいまいになっている社会は国際浮浪的な存在であり、そのみじめなる境遇においてどうして社会も人も本来の成長発展をとげることができましょうか。

このようなぬえ的立場に起因して、われわれは教育上数々の障害を身をもって体験しつつあるのであります。たとえば今沖縄の子供たちが使用している日本地図から沖縄の地図は消えております。また戦争は終結したにかかわらず、国旗さえ自由に立て得ないのであります。その上に祖国の子供たちと共通の国民行事さえ持ち得ず、さらに何ら国家的恩恵にあずかり得ないのであります。かかる境遇にある子供たちがどうして真実の日本人として素直に成長して行くことができましょうか。

皆様かつてこの島は、かのアメリカの国運を賭しての大攻勢から、血をもって祖国を守って来たわが将兵十万余、無辜《むこ》の住民十六万の骨を埋めたゆかりの地であります。それなるがゆえにこの島が犠牲となった巨万同胞の血のあがないのかいもなく、いつまでも祖国より分離されておりましては、地下の戦没者の霊も無念の血の叫びを続けていることでありましょう。

また時勢の流れには当時としては抗するすべもなく、かの悲惨なる戦争に参加して、いたいたしくも祖国に殉じた青少年男女学徒等の最期をわれわれは絶対に忘れることはできません。彼らは愛する祖国を守るためにこそ、純情一途に最後まで祖国の勝利を信じつつ、あたら花のつぼみのようなうら若い身を、かの映画「ひめゆりの塔」で見られますように祖国に捧げたのでありました。われわれはいかなる障害を乗り越えても彼女らの純情を生かしてやりたいのであります。このことはわれわれ沖縄教育者の至上崇高なる課題であります。すなわちわれわれは彼らが文字通り身をもって守って来た祖国を失わしたくはないのであります。

国政に参与せられる皆様、どうぞこの島に眠る戦没者の魂の声を聞きとつていただきたい。また条件はどうであろうと、いやしくも祖国を有し、それと一連の共通の文化と歴史を持ち、日本人としての民族的矜持を有する沖縄の住民が、どうしていつまでも異民族の統治下に満足しておられましようか。どうぞ沖縄の住民の立場にたつて考えていただきたいと思うのであります。

（以下省略）

■著者略歴

仲村 覚（なかむら さとる）

昭和39年、那覇市生まれ。埼玉県在住。昭和54年、陸上自衛隊少年工科学校（横須賀）入校。卒業後、航空部隊に配属。複数の企業勤務を経て、「日本は沖縄から中国の植民地になる」という強い危機感から活動を開始。平成29年に、「一般社団法人・日本沖縄政策フォーラム」を設立。
著書に『そうだったのか沖縄！』（示現社）、『沖縄の危機』（青林堂）、『沖縄はいつから日本なのか』（ハート出版）など。沖縄問題の第一人者として、「月刊正論」「夕刊フジ」「八重山日報」等の雑誌・新聞に論文多数。

これだけは知っておきたい
沖縄の真実 ――誰が沖縄を守るのか？

平成三十年九月二十三日　初版第一刷発行
令和二年一月二十七日　初版第二刷発行

著　者　仲村 覚
企　画　日本会議事業センター
発行者　田尾 憲男
発　行　株式会社明成社
〒一五四―〇〇〇一
東京都世田谷区池尻三―二一―二九―三〇二
電　話　〇三（三四一二）二八七一
ＦＡＸ　〇三（五四三一）〇七五九
https://www.meiseisha.com
印刷所　モリモト印刷株式会社

ISBN978-4-905410-51-5 C0031